LA JOURNÉE DU CHRÉTIEN

SANCTIFIÉE PAR LA PRIÈRE ET LA MÉDITATION

ABBÉ DE LA HOGUE

ALICIA ÉDITIONS

TABLE DES MATIÈRES

PRÉFACE SUR LA PRIÈRE	1
PRIÈRES DU MATIN	3
COMMANDEMENTS DE DIEU.	5
COMMANDEMENTS DE L'ÉGLISE.	6
LITANIES DU SAINT NOM DE JÉSUS.	6
PRIÈRES DU SOIR	9
LITANIES DE LA SAINTE TIERCE.	13
PRIÈRES DURANT LA SAINTE MESSE	16
PRIÈRES POUR LA CONFESSION	31
PRIÈRES POUR LA SAINTE COMMUNION	40
AVANT LA COMMUNION.	41
APRÈS LA COMMUNION.	44
Prière pour demander la Bénédiction du Très-Saint-Sacrement.	47
PRIÈRES DIVERSES	49
Pour honorer le Saint ou la Sainte dont on porte le nom.	49
Pour demander une bonne mort.	50
Pour demander la victoire de ses passions.	52
Prière pour demander la pureté de l'âme et du corps.	54
Prière pour demander la patience.	55
Oraison universelle pour tout ce qui regarde le salut.	56
Pour les âmes du Purgatoire.	57
PRATIQUE DE DÉVOTION POUR TOUS LES JOURS DE LA SEMAINE	59
LE DIMANCHE. À LA TRÉS-SAINTE TRINITÉ.	59
LE LUNDI. AU SAINT-ESPRIT.	60
LE MARDI. AU SAINT ANGE GARDIEN.	61
LE MERCREDI. À SAINT JOSEPH.	62
LE JEUDI. AU TRÈS-SAINT SACREMENT.	63
LE VENDREDI. À JÉSUS SOUFFRANT.	64
LE SAMEDI. À LA SAINTE VIERGE.	65

RÈGLEMENT DE VIE	67
I. Nécessité d'un Règlement.	67
II. Le lever et la prière du matin.	67
III. La sainte Messe.	68
IV. La Méditation.	68
V. Le Travail.	68
VI. Le Repas.	68
VII. La Lecture spirituelle.	69
VIII. La visite du Saint-Sacrement.	69
IX. Recueillement en la présence de Dieu.	69
X. L'esprit de mortification.	70
XI. Prière du soir.	70
XII. La Confession.	70
XIII. La Communion.	71
XIV. Le soin de combattre la passion dominante.	71
XV. Préparation à la mort.	72
XVI. Les devoirs d'état et de condition.	72
XVII. L'usage des richesses.	72
XVIII. Les plaisirs et les divertissements.	73
XIX. Les croix et les afflictions.	73
XX. Les visites.	73
XXI. La conversation.	74
JOURNÉE PRATIQUE.	75
PENSÉES CHRÉTIENNES POUR TOUS LES JOURS DU MOIS	76
Par le R. P. BOUHOURS, de la Compagnie de JÉSUS.	
PREMIER JOUR. De la Foi.	77
II. JOUR. De la fin de l'homme.	78
III. JOUR. Du mépris du monde.	79
IV. JOUR. De la mort.	80
V. JOUR. Du jugement dernier.	81
VI. JOUR. De l'enfer.	82
VII. JOUR. De l'éternité des peines de l'enfer.	83
VIII. JOUR. Du Paradis.	84
IX. JOUR. De la présence de Dieu.	85
X. JOUR. Du soin de son Salut.	86
XI. JOUR. De l'horreur du Péché.	87
XII. JOUR. De la Pénitence.	88
XIII. JOUR. De ne point différer sa conversion.	89
XIV. JOUR. Des respects humains.	90
XV. JOUR. De la défiance de soi-même.	91
XVI. JOUR. De l'usage des grâces.	92

XVII. JOUR. De l'usage du temps.	93
XVIII. JOUR. De l'usage des Sacrements.	94
XIX. JOUR. De la Messe.	95
XX. JOUR. De l'Aumône.	96
XXI. JOUR. De l'Exemple.	97
XXII. JOUR. Des souffrances.	98
XXIII. JOUR. De la conformité à la volonté de Dieu.	99
XXIV. JOUR. De la confiance en Dieu.	100
XXV. JOUR. De l'amour de Dieu.	101
XXVI. JOUR. De l'amour de N. S. J. C.	101
XXVII. JOUR. De l'amour du prochain.	102
XXVIII. JOUR. De l'amour des Ennemis.	103
XXX. JOUR. De la dévotion envers Notre-Dame.	105
XXXI. JOUR. De la ferveur dans le service de Dieu.	106
LES SEPT PSAUMES DE LA PÉNITENCE	109
PSAUME 6.	109
PSAUME. 31.	110
PSAUME 37.	111
PSAUME 50.	112
PSAUME 101.	113
PSAUME 120.	115
PSAUME 142.	115
LITANIES DES SAINTS	117
VÊPRES DU DIMANCHE	120
PSAUME 109.	120
PSAUME 110.	121
PSAUME 111.	121
PSAUME 112.	122
PSAUME 113.	122
CAPITULE. Éphes, 1.	124
Les dimanches d'après la Pentecôte.	124
Cantique de la Vierge. Luc. I.	125
L'OFFICE DE L'IMMACULÉE CONCEPTION DE LA SAINTE-VIERGE Corrigé par le Maître du Sacré Palais, et approuvé par Notre Saint Père le Pape Innocent XI, l'an 1678.	126
A MATINES.	126
A PRIME.	127
A TIERCE.	128
A SEXTE.	129
A NONE.	130

VÊPRES.	131
A COMPLIES.	131
PRIÈRES DIVERSES	**134**
Prière qui se dit aux Saluts pendant l'Avent.	134
Hymne pour le temps de Noël.	135
Prière au Saint-Esprit, avant les Exercices de piété, le Travail, etc.	136
Prière à la Sainte Vierge. Après les Exercices de piété, le Travail, etc.	136
Prière à Ste. Geneviève, patronne de Paris.	137
LITANIES DE LA PROVIDENCE	**138**
Acte de soumission aux desseins de la Providence.	139
ACTES DES VERTUS THÉOLOGALES	**141**
PRIÈRE POUR LE RENOUVELLEMENT DES VŒUX DU BAPTÊME	**143**
Amende honorable au Sacré Cœur de Jésus.	144
PRIÈRES POUR LES AGONISANTS	**146**
Prières pour la recommandation de l'âme.	148
Prière incontinent après la mort.	150
PORTRAIT DU VRAI CHRÉTIEN	**152**
PRIÈRES ET ACTES POUR LA CONFIRMATION	**155**
LE CHAPELET	**161**
Méthode abrégée pour bien dire le chapelet.	162
RETRAITES SPIRITUELLES	**165**
STROPHES POUR LE JOUR DE LA RÉSURRECTION DE NOTRE SEIGNEUR JÉSUS-CHRIST	**167**
ASPERSION DE L'EAU BÉNITE	**168**
PRIÈRE POUR LE TONNERRE	**170**
PRÉPARATION À LA MORT	**171**
Litanies pour la Bonne Mort.	172
ABRÉGÉ DE LA DOCTRINE CHRÉTIENNE par M. l'Abbé DE LA HOGUE, Docteur et Professeur de Sorbonne.	**175**
CONSÉCRATION DE LA FRANCE AU SACRÉ CŒUR DE JÉSUS	**187**
PRIÈRE D'UNE ÂME DÉVOTE AU COEUR DE JÉSUS	**189**

CONSÉCRATION À LA STE VIERGE	192
Prière à la Sainte Vierge, composée par Saint Louis de Gonzague.	192
Prière à la Sainte Vierge, composée des Prières de l'Église.	192
SENTIMENTS DE RÉSIGNATION.	193
ANTIENNE À LA VIERGE.	194
PRIÈRE QUI SE CHANTE AU SALUT PENDANT LE CARÊME	195
PRIÈRE POUR REMERCIER DIEU	197
PRIÈRE POUR DEMANDER LA CONVERSION DES PÉCHEURS	198
MESSE DU MARIAGE	199

TITRE COMPLET

La Journée du chrétien, sanctifiée par la prière et la méditation, augmentée du renouvellement des vœux du baptême, de l'abrégé de la doctrine chrétienne, par l'abbé de la Hogue, de prières pour la confirmation etc. Nouvelle édition suivie de la consécration de la France du Sacré Cœur de Jésus et de diverses autres prières.

PRÉFACE SUR LA PRIÈRE

Si la prière est la nourriture de l'âme, comme les saints Pères nous l'assurent, on peut dire que négliger de prier, c'est s'exposer à tomber dans une langueur mortelle qui ne laisse rien à espérer pour le salut. Cela seul fait sentir l'obligation où nous sommes de remplir un devoir si important et si nécessaire. Mais quoique la prière soit un cri du cœur qui sent ses besoins, et que le Saint-Esprit le forme intérieurement en nous, il est certain que les formules des prières vocales approuvées et pleines des sentiments de l'Écriture, telles que sont celles qu'on donne ici, peuvent beaucoup servir à nous bien acquitter de ce saint exercice. « *La prière*, dit saint Augustin, *n'est pas dans les mots : nous ne laissons pas néanmoins de prier vocalement, afin que les paroles nous rappellent ce que nous devons désirer* ».

Il y a une autre sorte de prière, qu'on appelle MENTALE. Elle se fait par le moyen de la méditation. Au défaut des livres qui en donnent des sujets réglés, selon la méthode ordinaire ; tout livre de piété, mais surtout un livre de Pensées ou de Considérations chrétiennes, aide admirablement. On en lit quelques lignes, on réfléchit sur ce qu'on lit, on goûte, on digère, on roule dans son esprit les vérités qui y sont proposées, et on se les applique à soi-même. Ces réflexions, aidées de la grâce, qu'on a soin de demander avant que de lire, ne manquent pas de produire de bons désirs, de saintes affections, et des résolutions sincères. Ces pieux mouvements font recourir à Dieu, et réclamer son secours, afin de pouvoir éviter ou rechercher ce que l'on a vu être nuisible ou avantageux à l'âme. C'est ce qu'on appelle méditer ; ce que tout le monde peut faire, et ce qu'on ne se pardonnera pas à la mort de n'avoir pas fait. Car peut-on espérer que l'importante affaire du salut réussisse, sans y avoir sérieusement pensé ?

PRIÈRES DU MATIN

La prière du matin est un devoir que Dieu exige comme les prémices de la journée. Avec quelle religion doivent-elles lui être consacrées ? De la fidélité à remplir ce premier devoir dépend tout le succès des actions du reste du jour. Ce serait risquer infiniment que de le commencer sans avoir demandé à Dieu les secours de sa grâce, et sans l'avoir remercié du repos de la nuit. Ne lui refusez jamais ce double tribut.

Mais, avant de prier, rappelez-vous un moment à vous-même. Concevez et ce que vous êtes, et ce qu'est le Dieu devant qui vous êtes ; vous comprendrez sagement l'importance de l'action que vous allez faire, et les sentiments d'humilité, de regret de vos fautes, de respect, d'attention, de modestie, de ferveur, d'amour et de confiance, avec lesquels vous devez toujours la faire.

Ce sont les dispositions intérieures et extérieures avec lesquelles il faut traiter avec Dieu dans la prière.

Mettons-nous en la présence de Dieu, adorons son saint Nom.

Très-sainte et très-auguste Trinité, Dieu seul en trois personnes, je crois que vous êtes ici présent. Je vous adore avec les sentiments de l'humilité la plus profonde, et vous rends de tout mon cœur les hommages qui sont dus à votre souveraine Majesté.

Remercions Dieu des grâces qu'il nous a faites, et offrons-nous à lui.

Mon Dieu, je vous remercie très-humblement de toutes les grâces que vous m'avez faites jusqu'ici. C'est encore par un effet de votre bonté que je vois ce jour ; je veux aussi l'employer uniquement à vous servir. Je vous en consacre toutes les pensées, les paroles, les actions et les peines. Bénissez-les, Seigneur, afin qu'il n'y en ait aucune qui ne soit animée de votre amour, et qui ne tende à votre plus grande gloire.

Formons la résolution d'éviter le péché, et de pratiquer la vertu.

Adorable Jésus, divin modèle de la perfection à laquelle nous devons aspirer, je vais m'appliquer, autant que je le pourrai, à me rendre semblable à vous, doux, humble, chaste, zélé, patient, charitable et résigné comme vous. Et je ferai particulièrement tous mes efforts pour ne pas retomber aujourd'hui dans les fautes que je commets si souvent, et dont je souhaite sincèrement de me corriger.

Demandons à Dieu les grâces qui nous sont nécessaires.

Mon Dieu, vous connaissez ma faiblesse. Je ne puis rien sans le secours de votre grâce. Ne me la refusez pas, ô mon Dieu : proportionnez-la à mes besoins : donnez-moi assez de force pour éviter tout le mal que vous défendez, pour pratiquer tout le bien que vous attendez de moi, et pour souffrir patiemment toutes les peines qu'il vous plaira de m'envoyer.

Invoquons la Sainte Vierge, notre bon Ange et notre saint Patron.

Sainte Vierge, mère de Dieu, ma mère et ma patronne, je me mets sous votre protection, et je me jette avec confiance dans le sein de votre miséricorde. Soyez, ô Mère de bonté, mon refuge dans mes besoins, ma consolation dans mes peines, et mon avocate auprès de votre adorable Fils, aujourd'hui, tous les jours de ma vie, et particulièrement à l'heure de ma mort.

Ange du ciel, mon fidèle et charitable guide, obtenez-moi d'être si docile à vos inspirations, et de régler si bien mes pas, que je ne m'écarte en rien de la voie des commandements de mon Dieu.

Grand Saint, dont j'ai l'honneur de porter le nom, protégez-moi, priez pour moi, afin que je puisse servir Dieu comme vous sur la terre, et le glorifier éternellement avec vous dans le ciel. Ainsi soit-il.

COMMANDEMENTS DE DIEU.

1. Un seul Dieu tu adoreras.
   Et aimeras parfaitement.
2. Dieu en vain tu ne jureras,
   Ni autre chose pareillement.
3. Les Dimanches tu garderas,
   En servant Dieu dévotement.
4. Tes Père et Mère honoreras,
   Afin que tu vives longuement.
5. Homicide point ne seras,
   De fait ni volontairement.
6. Luxurieux point ne seras,
   De corps ni de consentement.
7. Le bien d'autrui tu ne prendras,
   Ni retiendras à ton escient.
8. Faux témoignage ne diras,
   Ni ne mentiras aucunement.
9. L'œuvre de chair ne désireras,
   Qu'en mariage seulement.
10. Biens d'autrui ne convoiteras,
    Pour les avoir injustement.

COMMANDEMENTS DE L'ÉGLISE.

1. Les Fêtes tu sanctifieras,
   Qui te sont de commandement.
2. Les Dimanches la Messe ouïras,
   Et les Fêtes pareillement.
3. Tous tes péchés confesseras,
   À tout le moins une fois l'an.
4. Ton Créateur tu recevras,
   Au moins à Pâques humblement.
5. Quatre-temps, vigiles, jeûneras,
   Et le Carême entièrement.
6. Vendredi chair ne mangeras,
   Ni le samedi mêmement.

LITANIES DU SAINT NOM DE JÉSUS.

Seigneur, ayez pitié de nous.
Christ, ayez pitié. Seigneur, ayez pitié.
Jésus, écoutez.
Jésus, exaucez.
Dieu le Père, des Cieux où vous êtes assis, ayez pitié.
Dieu le Fils, Rédempteur du monde, ayez pitié.
Dieu le Saint-Esprit, ayez pitié.
Trinité sainte, qui êtes un seul Dieu, ayez pitié de n.
Jésus, Fils du Dieu vivant,
Jésus splendeur du Père,
Jésus pureté de la lumière éternelle,
Jésus Roi de gloire,
Jésus soleil de justice,
Jésus Fils de la Vierge Marie,
Jésus admirable,
Jésus Dieu fort,
Jésus Père des siècles à venir,
Jésus Ange du grand conseil,
Jésus très-puissant,

Jésus très-patient,
Jésus très-obéissant,
Jésus doux et humble de cœur,
Jésus amateur de la chasteté,
Jésus qui nous honorez de votre amour,
Jésus Dieu de paix, Jésus auteur de la vie,
Jésus l'exemplaire des vertus,
Jésus zélateur des âmes, ayez pitié de nous.
Jésus notre Dieu, ayez pitié.
Jésus notre refuge, ayez pitié de n.
Jésus père des pauvres, ayez pitié.
Jésus trésor des fidèles, ayez pitié.
Jésus bon Pasteur, ayez pitié.
Jésus vraie lumière, ayez pitié.
Jésus sagesse éternelle, ayez pitié.
Jésus bonté infinie, ayez pitié de nous.
Jésus notre voie et notre vie, ayez.
Jésus la joie des anges, ayez.
Jésus le roi des Patriarches, ayez.
Jésus le Maître des Apôtres, ayez.
Jésus le Docteur des Évangélistes, ayez.
Jésus la force des Mariais, ayez.
Jésus la lumière des Confesseurs, ayez.
Jésus la pureté des Vierges, ayez.
Jésus la couronne de tous les Saints, ayez pitié de nous.
Soyez-nous propice, Jésus, pardonnez-nous.
Soyez-nous propice, Jésus, exaucez nos prières.
De tout péché, délivrez-nous, Jésus.
De votre colère, dé.
Des embûches du démon, délivrez.
De l'esprit de fornication, déliv.
De la mort éternelle, délivrez.
Du mépris de vos divines inspirations, délivrez.
Par le mystère de votre sainte incarnation, dél.
Par votre Nativité, délivrez-nous.
Par votre enfance, délivrez-nous.

Par votre vie toute divine, délivrez.
Par vos travaux, délivrez-nous.
Par votre agonie et par votre passion, délivrez-nous.
Par votre Croix et par votre abandonnement, dél.
Par vos langueurs, délivrez-nous.
Par votre mort et par votre sépulture, délivrez.
Par votre résurrection, délivrez.
Par votre Ascension, délivrez.
Par vos joies, dél.
Par votre gloire, délivrez-nous.
Agneau de Dieu, qui effacez les péchés du monde, pardonnez-n., J.,
Agneau, etc., exaucez-nous, Jésus.
Agneau, etc., ayez pitié de nous, J.
Jésus, écoutez-nous.
Jésus, exaucez-nous.

PRIONS.

Seigneur Jésus-Christ, qui avez dit : Demandez, et vous recevrez ; cherchez et vous trouverez, frappez, et il vous sera ouvert, faites-nous, s'il vous plaît, la grâce de concevoir l'affection de votre amour tout divin ; afin que nous vous aimions de tout notre cœur en vous confessant de bouche et d'action ; et que jamais nous ne cessions de vous louer.

C'est ici où l'on commence à prendre des mesures pour se défaire du vice particulier dont on a entrepris de se corriger. 1. On se propose fortement de l'éviter. 2. On prévoit les occasions qu'on aura d'y tomber. 3. On renouvelle ses résolutions. 4. On demande à Dieu le secours de sa grâce.

Et si après toutes ces précautions, et la vigilance qu'on apportera pendant le jour, on vient encore à tomber, on en demande pardon, et l'on s'impose sur le champ une petite pénitence, sans se décourager.

PRIÈRES DU SOIR

S'il est important de bien commencer la journée, il ne l'est pas moins de la bien finir. Les grâces nouvelles que Dieu nous a accordées pendant le jour, et la protection dont nous avons besoin pour passer la nuit sans danger, sont de nouveaux motifs de prier Dieu, et de le prier avec les dispositions que l'on a déjà marquées.

L'examen du soir, qu'on doit regarder comme un des plus importants devoirs de la vie chrétienne, fait la partie principale de ce dernier exercice de la journée. On en a la méthode dans les Actes suivants : *Présence de Dieu, Remerciement, Demande, Recherche, Douleur, Bon propos.*

Au reste, les bénédictions sensibles que Dieu répand sur les familles où les prières se disent en commun, doivent engager fortement à introduire chez vous l'usage d'une si sainte et si édifiante pratique, surtout le soir, qu'il est plus aisé de se réunir. *Où il y aura deux ou trois personnes assemblées en mon nom,* dit notre Seigneur, *je me trouverai au milieu d'elles.* Quoi de plus engageant ? Que ne doit-on pas quitter pour se procurer un si grand bonheur.

Mettons-nous en la présence de Dieu, adorons-le.

Je vous adore, ô mon Dieu, avec la soumission que m'inspire la présence de votre souveraine grandeur. Je crois en vous, parce que vous êtes la vérité même. J'espère en vous, parce que vous êtes infiniment bon. Je vous aime de tout mon cœur, parce que vous êtes souverainement aimable, et j'aime le Prochain comme moi-même, pour l'amour de vous.

Remercions Dieu des grâces qu'il nous a faites.

Quelles actions de grâces vous rendrai-je, ô mon Dieu, pour tous les biens que j'ai reçus de vous ? Vous avez songé à moi de toute éternité ; vous m'avez tiré du néant, vous avez donné votre vie pour me racheter, et vous me comblez encore tous les jours d'une infinité de faveurs. Hélas ! Seigneur, que puis-je faire en reconnaissance de tant de bontés ? Joignez-vous à moi, Esprits bienheureux ; pour louer le Dieu des miséricordes, qui ne cesse de faire du bien à la plus indigne et la plus ingrate de ses créatures.

Demandons à Dieu de connaître nos péchés.

Source éternelle de lumières, Esprit-Saint, dissipez les ténèbres qui me cachent la laideur et la malice du péché. Faites-m'en concevoir une si grande horreur, ô mon Dieu, que je le haïsse, s'il se peut, autant que vous le haïssez vous-même, et que je ne craigne rien tant que de le commettre à l'avenir.

Examinons-nous sur le mal commis.

Envers Dieu : Omissions ou négligence dans nos devoirs de piété, irrévérences à l'Église, distractions volontaires dans nos prières, défaut d'intention, résistance à la grâce, jurements, murmures, manque de confiance et de résignation.

Envers le prochain : Jugements téméraires, mépris, haine, jalousie, désir de vengeance, querelles, emportements, imprécations, injures, médisances, railleries, faux rapports, dommages aux biens ou à la réputation, mauvais exemple, scandale, manque de respect, d'obéissance, de charité, de zèle, de fidélité.

Envers nous-mêmes : Vanité, respect humain, mensonges, pensées, désirs, discours et actions contraires à la pureté, intempérance, colère, impatience, vie inutile et sensuelle, paresse à remplir les devoirs de notre état.

Me voici, Seigneur, tout couvert de confusion, et pénétré de douleur à la vue de mes fautes. Je viens les détester devant vous, avec un vrai déplaisir d'avoir offensé un Dieu si bon, si aimable, et si digne d'être aimé. Était-ce donc là, ô mon Dieu, ce que vous deviez attendre de ma reconnaissance, après m'avoir aimé jusqu'à répandre votre sang pour moi. Oui, Seigneur, j'ai poussé trop loin ma malice et mon ingratitude. Je vous en demande très-humblement pardon, et je vous conjure, ô mon Dieu, par cette même bonté dont j'ai ressenti tant de fois les effets, de m'accorder la grâce d'en faire dès aujourd'hui, et jusqu'à la mort, une sincère pénitence.

Faisons un ferme propos de ne plus pécher.

Que je souhaiterais, ô mon Dieu, ne vous avoir jamais offensé ! mais puisque j'ai été assez malheureux que de vous déplaire, je vais vous marquer la douleur que j'en ai par une conduite toute opposée à celle que j'ai gardée jusqu'ici. Je renonce dès à présent au péché, et à l'occasion du péché, surtout de celui où j'ai la faiblesse de retomber si souvent. Et si vous daignez m'accorder votre grâce ainsi que je la demande et que je l'espère, je tâcherai de remplir fidèlement mes devoirs, et rien ne sera capable de m'arrêter, quand il s'agira de vous servir.

Ainsi soit-il.

Notre Père qui êtes aux Cieux, que votre nom soit sanctifié, que votre règne arrive, que votre volonté soit faite en la terre comme au ciel. Donnez-nous aujourd'hui notre pain quotidien, et pardonnez-nous nos offenses comme nous pardonnons à ceux qui nous ont offensés ; et ne nous induisez point en tentation : mais délivrez-nous du mal. Ainsi soit-il.

Je vous salue, Marie, pleine de grâce, le Seigneur est avec vous, vous êtes bénie entre toutes les femmes, et béni est le fruit de votre ventre, Jésus.

Sainte Marie, Mère de Dieu, priez pour nous pauvres pécheurs, maintenant, et à l'heure de notre mort. Ainsi soit-il.

Je crois en Dieu le Père Tout-Puissant, Créateur du ciel et de la Terre et en Jésus-Christ son Fils unique notre Seigneur, qui a été conçu du Saint-Esprit, est né de la Vierge Marie, a souffert sous Ponce Pilate, a été crucifié, est mort, et a été enseveli, est descendu aux enfers, le troisième jour est ressuscité des morts ; est monté aux Cieux, est assis à la droite de Dieu le Père Tout-puissant, d'où il viendra juger les vivants et les morts.

Je crois au Saint-Esprit, la sainte Église catholique, la Communion des Saints, la rémission des péchés, la résurrection de la chair, la vie éternelle.

Ainsi soit-il.

Je confesse à Dieu Tout-Puissant, à la bienheureuse Marie toujours Vierge, à saint Michel Archange, à saint Jean-Baptiste, aux saints Apôtres Pierre et Paul, à tous les Saints (et à vous, mon Père), que j'ai beaucoup péché par pensées, par paroles et par actions : c'est ma faute, c'est ma faute, c'est ma très-grande faute : c'est pourquoi je prie la bienheureuse Marie toujours Vierge, saint Michel Archange, saint Jean-Baptiste, les saints Apôtres Pierre et Paul, tous les Saints (et vous, mon Père) de prier pour moi le Seigneur notre Dieu.

Que le Dieu Tout-Puissant nous fasse miséricorde, qu'il nous pardonne nos péchés, et nous conduise à la vie éternelle. Ainsi soit-il.

Que le Seigneur Tout-Puissant et miséricordieux nous donne indulgence, absolution et rémission de tous nos péchés. Ainsi soit-il.

Recommandons-nous à Dieu, à la Sainte Vierge et aux Saints.

Bénissez, Ô mon Dieu, le repos que je vais prendre pour réparer mes forces, afin de vous mieux servir, Vierge sainte, mère de mon Dieu, et après lui mon unique espérance ; mon bon Ange, mon saint Patron, intercédez pour moi, protégez-moi, pendant cette nuit, tout le temps de ma vie, et à l'heure de ma mort. Ainsi soit-il.

Prions pour les vivants, et pour les Fidèles trépassés.

Répandez, Seigneur, vos bénédictions sur mes parents, mes bienfaiteurs, mes amis et mes ennemis. Protégez tous ceux que vous m'avez donnés pour maîtres, tant spirituels que temporels. Secourez les pauvres, les prisonniers, les affligés, les voyageurs, les malades et les agonisants. Convertissez les hérétiques, et éclairez les infidèles.

Dieu de bonté et de miséricorde, ayez aussi pitié des âmes des fidèles qui sont dans le Purgatoire. Mettez fin à leurs peines, et donnez à celles pour lesquelles je suis obligé de prier, le repos et la lumière éternelle. Ainsi soit-il.

LITANIES DE LA SAINTE TIERCE.

    Seigneur, ayez pitié de nous.
    Christ, ayez pitié de nous,
    Seigneur, ayez pitié de nous.
    Christ, écoutez-nous.
    Christ, exaucez-nous.
    Dieu le Père, des Cieux où vous êtes assis, ayez pitié de nous.
    Dieu le Fils, Rédempteur du monde, ayez p.
    Dieu le Saint-Esprit, ayez pitié de nous.
    Trinité Sainte, qui êtes un seul Dieu, ayez pitié de nous.
    Sainte Marie, priez pour nous.
    Sainte Mère de Dieu,
    Sainte Vierge des Vierges,
    Mère du Christ,
    Mère de la divine grâce,
    Mère très-pure,
    Mère très-chaste,
    Mère sans tache,
    Mère sans corruption,
    Mère aimable,
    Mère admirable,
    Mère du Créateur,
    Mère du Sauveur, priez pour nous.
    Vierge très-prudente,
    Vierge vénérable,
    Vierge célèbre,
    Vierge puissante,

Vierge clémente,
Vierge fidèle,
Miroir de justice,
Temple de sagesse,
Cause de notre joie,
Vaisseau spirituel,
Vaisseau honorable,
Vaisseau insigne de la dévotion,
Rose mystique,
Tour de David,
Tour d'ivoire,
Maison dorée,
Arche d'alliance,
Porte du Ciel,
Étoile du malin,
Santé des infirmes,
Refuge des pécheurs,
Consolatrice des affligés,
Secours des Chrétiens, priez pour nous.
Reine des Anges,
Reine des Patriarches.
Reine des Prophètes,
Reine des Apôtres,
Reine des Martyrs,
Reine des Confesseurs,
Reine des Vierges,
Reine de tous les Saints,
Agneau de Dieu, qui effacez les péchés du monde, pardonnez-nous, Seigneur.
Agneau, etc., exaucez-nous, Seign.
Agneau, etc., ayez pitié de nous, S.
Christ, écoutez-nous.
Christ, exaucez-nous.
Sainte Mère de Dieu, priez pour nous.
Afin que nous soyons faits dignes des promesses de J. C.

Oraison.

Seigneur, nous vous supplions de répandre votre grâce dans nos âmes, afin qu'ayant connu par la voix de l'Ange, l'incarnation de votre Fils Jésus-Christ, nous arrivions, par sa passion et sa croix, à la gloire de sa résurrection : par le même J. C. N. S.
Ainsi soit-il.

Autre Oraison.

Nous vous supplions, Seigneur, de visiter cette demeure, et d'en éloigner toutes sortes d'embûches de l'ennemi : que vos saints Anges y habitent, afin de nous conserver en paix, et que votre bénédiction soit toujours sur nous. Par N. S. J. C. Ainsi soit-il.

Prière à tous les Saints.

Âmes très-heureuses, qui avez eu la grâce de parvenir à la gloire, obtenez-moi deux choses de celui qui est notre commun Dieu et Père : que je ne l'offense jamais mortellement, et qu'il ôte de moi tout ce qui lui déplaît. Ainsi soit-il.

PRIÈRES DURANT LA SAINTE MESSE

La Messe est de toutes les actions du Christianisme, la plus glorieuse à Dieu et la plus utile au salut de l'homme. Jésus-Christ y renouvelle le grand mystère de la Rédemption : il s'y fait encore, dans un vrai sacrifice, quoique non sanglant, notre victime, et vient en personne nous appliquer à chacun en particulier les mérites de ce sang adorable qu'il a répandu pour nous tous sur la croix. Cela doit inspirer une haute idée de la sainte Messe, et faire souhaiter de la bien entendre : car y assister avec irrévérence, volontairement distrait, sans modestie, sans retenir ses yeux, sans attention, sans respect, c'est renouveler autant qu'il est en soi les opprobres du Calvaire, et déshonorer sa religion.

Pour éviter un si grand malheur, venez-y avec des dispositions chrétiennes ; prenez-y l'esprit de J. C., offrez-vous avec lui et comme lui. Entrez d'abord à l'église pénétré d'un saint respect ; tenez-vous-y dans une modestie et un recueillement que rien ne soit capable de troubler ; et, pendant tout le sacrifice, n'ayez d'imagination, d'esprit, de cœur ni de sentiment que pour honorer votre Dieu, et songer aux intérêts de votre âme.

Comme les prières suivantes sont trop courtes pour une messe haute, on y a joint des réflexions ou pratiques intérieures, dont vous pourrez vous servir utilement tout le temps que vous aurez de reste.

PRIÈRE AVANT LA MESSE.
Pour se disposer à la bien entendre.

Je me présente, ô mon adorable Sauveur, devant les saints autels, pour assister à votre divin sacrifice. Daignez, mon Dieu, m'en appliquer tout le fruit que vous souhaitez que j'en retire, et suppléez aux dispositions qui me manquent.

Disposez mon cœur aux doux effets de votre bonté ; fixez mes sens, réglez mon esprit, purifiez mon âme, effacez par votre sang tous les péchés dont vous voyez que je suis coupable. Oubliez-les tous, ô Dieu de miséricorde : je les déteste pour l'amour de vous, je vous en demande très-humblement pardon, pardonnant moi-même de bon cœur à tous ceux qui auraient pu m'offenser. Faites, ô mon doux Jésus, qu'unissant mes intentions aux vôtres, je me sacrifie tout à vous, comme vous vous sacrifiez entièrement pour moi. Ainsi soit-il.

Des quatre fins pour lesquelles on offre le sacrifice, on peut appliquer les trois dernières pour d'autres que pour soi, en se servant de quelques-unes des prières suivantes.

OFFRANDE DU SACRIFICE.
Pour remercier Dieu des grâces qu'il a faites à la Sainte Vierge et aux autres Saints.

Source adorable de toute justice, grand Dieu, qui prenez plaisir à vous rendre admirable dans vos Saints, je viens ici vous faire pour eux de très-humbles actions de grâces. Toute leur sainteté vient de vous, et vous n'avez fait que couronner vos dons en leur donnant la gloire dont ils jouissent. Ils vous en bénissent maintenant dans le ciel, et nous nous joignons à eux pour vous remercier des grâces que vous leur avez faites. Souffres donc, Seigneur, que m'unissant d'intention avec eux, et qu'au nom de N*** (*Nommez ici la Sainte Vierge, le Saint ou la Sainte que vous voulez honorer*), je vous offre dans ce sacrifice, avec une humble reconnaissance, la seule victime qui puisse égaler vos dons.

On peut dire cette prière aux fêtes de la Sainte Vierge, des Anges, des SS. Patrons et des autres Saints, et dans les neuvaines qu'on fait sous leur invocation.

OFFRANDE DU SACRIFICE.
Pour remercier Dieu de quelque grâce obtenue pour soi ou pour d'autres.

Dieu, dont la bonté est infinie, et qui, sans avoir égard à nos infidélités continuelles, ne cessez de nous combler de vos bienfaits, quelles actions de grâces pourraient en égaler la multitude et la grandeur, si vous ne nous aviez donné votre aimable Fils, et donné en même temps le moyen de vous l'offrir ? C'est lui, Seigneur, qui vous remerciera pour nous dans ce sacrifice. Comme il est notre propitiation, il y sera aussi notre reconnaissance. Recevez, Père très-saint, cet inestimable présent que je vous offre en actions de grâces de la faveur que vous m'avez accordée (*ou* à N***), en vous conjurant de continuer à faire éclater sur moi (*ou* sur lui) les effets de votre miséricorde. Ainsi soit-il.

On ne doit pas oublier cet acte, quand Dieu nous a fait quelque grâce. Un manque de reconnaissance arrêterait de nouvelles faveurs.

OFFRANDE DU SACRIFICE.
Pour demander quelque grâce particulière pour soi ou pour quelqu'autre.

Dieu de bonté, Père infiniment libéral, nous vivons de vos miséricordes, et tout ce que nous avons, nous ne l'avons que de vous. Vous seul, ô mon Dieu, pouvez connaître nos besoins, et nous secourir efficacement dans nos peines. Plein de confiance en votre miséricorde, Seigneur, j'implore votre assistance, et vous demande humblement pour moi (*ou* pour N.) la grâce de *(spécifiez-la)*. Ce n'est pas moi, mon Dieu, qui vous en prie : je ne fais qu'emprunter la voix de cette victime qui va être immolée sur l'autel. Accordez, Seigneur, la grâce que je vous demande, au nom et par les mérites de celui qui est le cher objet de vos douces complaisances, et à la méditation duquel vous ne pouvez rien refuser.

On peut dire cette prière, quand on fait une neuvaine pour obtenir quelque faveur, ou spirituelle, ou même temporelle.

OFFRANDE DU SACRIFICE.
Pour le soulagement des âmes du Purgatoire.

Prosterné humblement devant vous, souverain Créateur de l'Univers, je viens vous prier pour des fidèles morts dans votre grâce, mais qui paient encore à votre justice les péchés qu'ils n'ont pas expiés pendant leur vie. Ce sont des parents, des amis, des bienfaiteurs, qu'un juste devoir m'ordonne de secourir. Et quel secours plus efficace puis-je leur procurer, ô mon Dieu, que de vous offrir pour leur délivrance le sang de l'Agneau sans tache.

Je vous l'offre donc, ô Père commun des vivants et des morts : je vous l'offre pour des enfants que vous chérissez, et qui ne respirent qu'après le bonheur de vous voir et de vous glorifier. Quelque dignes qu'ils soient des châtiments que vous exercez sur eux, Dieu de miséricorde, ouvrez-leur aujourd'hui les trésors immenses des satisfactions de votre Fils, et faites-leur trouver dans ce sacrifice, dont le prix est infini, de quoi acquitter toutes leurs dettes. (*Si vous priez pour quelque personne, ajoutez :*) Je vous l'offre en particulier pour l'âme de N*** (*Que si vous avez dessein de gagner l'indulgence pour elle, ajoutez :*) Et je vous conjure de lui appliquer l'indulgence que j'ai intention d'obtenir aujourd'hui, en communiant pour elle.

COMMENCEMENT DE LA MESSE.

In nomine Patris, et Filii, et Spiritus Sancti. Amen.

C'est en votre nom, adorable Trinité, c'est pour vous rendre l'honneur et les hommages qui vous sont dus, que j'assiste au très-saint et très-auguste Sacrifice.

Permettez-moi, divin Sauveur, de m'unir d'intention au Ministre de vos Autels, pour offrir la précieuse victime de mon salut, et donnez-moi les sentiments que j'aurais dû avoir sur le Calvaire, si j'avais assisté au Sacrifice sanglant de votre Passion.

CONFITEOR.

Repassez dans l'amertume de votre cœur les péchés que vous avez commis. Rappelez en gros et confusément ceux qui vous humilient davantage. Exposez à Dieu vos faiblesses ; priez-le qu'il vous les pardonne, et que l'abîme de vos misères attire sur vous, en ce Sacrifice, l'abîme de ses miséricordes.

Je m'accuse devant vous, ô mon Dieu, de tous les péchés dont je suis coupable. Je m'en accuse en présence de Marie, la plus pure de toutes les Vierges, de tous les Saints, et de tous les Fidèles ; parce que j'ai péché en pensées, en paroles, en actions, en omissions, par ma faute, oui, par ma faute, et ma très-grande faute. C'est pourquoi je conjure la très-Sainte Vierge et tous les Saints de vouloir intercéder pour moi.

Seigneur, écoutez favorablement ma prière, et accordez-moi l'indulgence, l'absolution et la rémission de tous mes péchés.

KYRIE, ELEISON.

Entretenez-vous dans un doux sentiment de confiance en la bonté de Dieu, qui, vous permettant d'employer un moyen aussi efficace que celui-ci, pour lui demander la grâce de votre réconciliation, vous donne en même temps un gage assuré que vous pourrez l'obtenir.

Divin Créateur de nos âmes, ayez pitié de l'ouvrage de vos mains ; Père miséricordieux, faites miséricorde à vos enfants.

Auteur de notre salut, immolé pour nous, appliquez-nous les mérites de votre mort et de votre précieux Sang.

Aimable Sauveur, doux Jésus, ayez compassion de nos misères, pardonnez-nous nos péchés.

GLORIA IN EXCELSIS.

Concevez un grand désir de procurer à Dieu toute la gloire, et au prochain tout le bien que vous pourrez. Réjouissez-vous avec les Anges de la part que vous avez à la connaissance des saints Mystères.

Remplissez-vous des hautes et magnifiques idées de la Majesté de Dieu, et de Jésus-Christ son Fils.

Gloire à Dieu dans le Ciel, et paix aux hommes de bonne volonté sur la terre. Nous vous louons, Seigneur, nous vous bénissons, nous vous adorons, nous vous glorifions, nous vous rendons de très-humbles actions de grâces dans la vue de votre grande gloire, vous qui êtes le Seigneur, le souverain Monarque, le Très-Haut, le seul vrai Dieu, le Père tout-puissant.

Adorable Jésus, Fils unique du Père, Dieu et Seigneur de toutes choses, Agneau envoyé de Dieu pour effacer les péchés du monde, ayez pitié de nous, et du haut du Ciel où vous régnez avec votre Père, jetez un regard de compassion sur nous. Sauvez-nous, vous êtes le seul qui le puissiez, Seigneur Jésus, parce que vous êtes le seul infiniment saint, infiniment puissant, infiniment adorable, avec le Saint-Esprit dans la gloire du Père. Ainsi soit-il.

ORAISON.

Accordez-nous, Seigneur, par l'intercession de la Sainte Vierge et des Saints que nous honorons, toutes les grâces que votre Ministre vous demande pour lui et pour nous. M'unissant à lui, je vous fais la même prière pour ceux et celles pour lesquels je suis obligé de prier, et je vous demande, Seigneur, pour eux, et pour moi, tous les secours que vous savez nous être nécessaires, afin d'obtenir la vie éternelle ; au nom de N. S. J. C. Ainsi soit-il.

ÉPÎTRE.

Transportez-vous en esprit au temps des Patriarches et des Prophètes, qui n'aspiraient qu'après le Messie. Entrez dans leurs empressements. Formez leurs désirs, prenez les sentiments qu'ils eurent alors ; vous attendez le même Sauveur ; et plus heureux qu'eux, vous le voyez.

Mon Dieu, vous m'avez appelé à la connaissance de votre sainte Loi, préférablement à tant de peuples qui vivent dans l'ignorance de vos

Mystères. Je l'accepte de tout mon cœur, cette divine Loi, et j'écoute avec respect les sacrés oracles que vous avez prononcés par la bouche de vos prophètes. Je les révère avec toute la soumission qui est due à la parole d'un Dieu, et j'en vois l'accomplissement avec toute la joie de mon âme.

Que n'ai-je pour vous, ô mon Dieu, un cœur semblable à celui des Saints de votre Ancien Testament ! Que ne puis-je vous désirer avec l'ardeur des Patriarches, vous connaitre et vous révérer comme les Prophètes, vous aimer et m'attacher uniquement à vous comme les Apôtres.

ÉVANGILE.

Regardez l'Évangile que vous allez entendre, comme la règle de votre foi et de vos mœurs ; règle que J. C. lui-même vous a adressée, et que vous avez promis de suivre par les engagements du Baptême : règle que vous observez mal, et sur laquelle vous serez jugé sans adoucissement et sans appel.

Ce ne sont plus, ô mon Dieu, les Prophètes ni les Apôtres qui vont m'instruire de mes devoirs, c'est votre Fils unique, c'est sa parole que je vais entendre. Mais hélas ! que me servira d'avoir cru que c'est votre parole, Seigneur Jésus, si je n'agis pas conformément à ma croyance ? Que me servira, lorsque je paraîtrai devant vous, d'avoir eu la foi, sans le mérite de la charité et des bonnes œuvres.

Je crois, et je vis comme si je ne croyais pas, ou comme si je croyais un Évangile contraire au vôtre. Ne me jugez pas, ô mon Dieu, sur cette opposition perpétuelle que je mets entre vos maximes et ma conduite. Je crois, mais inspirez-moi le courage et la force de pratiquer ce que je crois. À vous, Seigneur, en reviendra toute la gloire.

CREDO.

Affermissez ici votre foi. Tout ce que l'Église vous propose à croire, est fondé sur la parole de Dieu, annoncée par les Prophètes, révélée dans les Écritures, déclarée par les miracles, vérifiée par l'établissement de la foi, confirmée par les Martyrs, et rendue sensible par la sainteté de notre religion, et par le solide consentement de ceux qui la professent avec fidélité.

Je crois en un seul Dieu, Père tout-puissant, qui a fait le ciel et la terre, les choses visibles, et les invisibles ; et en un Seigneur J. C. Fils unique de Dieu, né de Dieu son Père avant tous les siècles : Dieu de Dieu, Lumière de Lumière, vrai Dieu de vrai Dieu : engendré et non créé, consubstantiel à son Père, et par qui tout a été fait. Qui est descendu du ciel pour l'amour de nous et pour notre salut : qui s'est incarné par l'opération du S. Esprit, dans le sein de la Vierge Marie, et qui s'est fait homme. Je crois aussi que Jésus-Christ a été crucifié pour l'amour de nous sous Ponce Pilate, qu'il a souffert la mort, et qu'il a été enseveli : qu'il est ressuscité le troisième jour suivant les Écritures : qu'il est monté au Ciel, et qu'il y est assis à la droite de son Père, qu'il viendra encore une fois sur la terre avec gloire pour juger les vivants et les morts ; et que son règne n'aura point de fin.

Je crois au Saint-Esprit, Seigneur et vivifiant, qui procède du Père et du Fils, et qui est adoré et glorifié avec le Père et le Fils, et qui a parlé par les Prophètes. Je crois que l'Église est une, sainte, catholique et apostolique ; je confesse qu'il y a un Baptême pour la rémission des péchés, et j'attends la résurrection des morts, et la vie du siècle à venir. Ainsi soit-il.

OFFERTOIRE.

Songez au bonheur inconcevable que vous avez de trouver dans ce Sacrifice de quoi honorer parfaitement Dieu, le remercier d'une manière qui égale ses dons, effacer entièrement vos péchés, et obtenir, tant pour vous que pour les autres, toutes les grâces dont vous avez besoin, et mettez à profit tous les précieux moments de cet inestimable bonheur.

Père infiniment saint, Dieu tout-puissant et éternel, quelqu'indigne que je sois de paraître devant vous, j'ose vous présenter cette Hostie par les mains du Prêtre, avec l'intention qu'a eue J. C. mon Sauveur, lorsqu'il institua ce Sacrifice, et qu'il a encore au moment qu'il s'immole ici pour lui.

Je vous l'offre, pour reconnaître votre souverain domaine sur moi et sur toutes les créatures. Je vous l'offre pour l'expiation de mes péchés, et en action de grâces de tous les bienfaits dont vous m'avez comblé.

Je vous l'offre enfin, mon Dieu, cet auguste sacrifice, afin d'obtenir de votre infinie bonté, pour moi, pour mes parents, pour mes bienfaiteurs, mes amis et mes ennemis, ces grâces précieuses du salut, qui ne peuvent être accordées à un pécheur qu'en vue des mérites de celui qui est le juste par excellence, et qui s'est fait victime de propitiation pour tous.

Mais en vous offrant cette adorable victime, je vous recommande, ô mon Dieu, toute l'Église catholique, Notre Saint Père le Pape, notre Évêque, tous les Pasteurs des âmes, notre Roi, la Famille Royale, les Princes chrétiens, et tous les peuples qui croient en vous.

Souvenez-vous aussi, Seigneur, des Fidèles trépassés ; et en considération des mérites de votre Fils, donnez-leur un lieu de rafraîchissement, de lumière et de paix.

N'oubliez pas, mon Dieu, vos ennemis et les miens ; ayez pitié de tous les infidèles, des hérétiques, et de tous les pécheurs. Comblez de bénédictions ceux qui me persécutent, et me pardonnez mes péchés, comme je leur pardonne tout le mal qu'ils me font, ou qu'ils voudraient me faire. Ainsi soit-il.

PRÉFACE

Élevez-vous en esprit dans le Ciel jusqu'au pied du trône de la Divinité. Là, pénétré d'une sainte et respectueuse crainte, à la vue de cette éclatante Majesté, rendez-lui vos hommages, et mêlez vos louanges aux célestes cantiques des Anges et des Chérubins qui l'environnent.

Voici l'heureux moment où le Roi des Anges et des hommes va paraître. Seigneur, remplissez-moi de votre esprit ; que mon cœur, dégagé de la terre, ne pense qu'à vous. Quelle obligation n'ai-je pas de vous bénir et de vous louer en tout temps et en tout lieu, Dieu du Ciel et de la terre, Maître infiniment grand, Père tout-puissant et éternel ?

Rien n'est plus juste, rien n'est plus avantageux, que de nous unir à J. C. pour vous adorer continuellement. C'est par lui que tous les esprits bienheureux rendent leurs hommages à votre Majesté ; c'est par lui que toutes les Vertus du Ciel, saisies d'une frayeur respectueuse, s'unissent pour vous glorifier. Souffrez, Seigneur, que nous joignions nos faibles louanges à celles de ces saintes Intelligences, et que de concert avec elles, nous disions dans un transport de joie et d'admiration,

SANCTUS.

Saint, Saint, Saint est le Seigneur, le Dieu des armées. Tout l'univers est rempli de sa gloire. Que les Bienheureux le bénissent dans le Ciel. Béni soit celui qui nous vient sur la terre, Dieu et Seigneur comme celui qui renvoie.

LE CANON.

Représentez-vous ici l'Autel sur lequel J. C. va se rendre comme sur le trône de sa miséricorde, où vous avez droit de vous présenter pour exposer tous vos besoins, pour demander et pour obtenir. Dieu, qui nous donne son propre Fils, peut-il nous refuser quelque chose ?

Nous vous conjurons, au nom de J. C. votre Fils et notre Seigneur, ô Père infiniment miséricordieux, d'avoir pour agréable, et de bénir l'offrande que nous vous présentons, afin qu'il vous plaise de conserver, de défendre et de gouverner votre sainte Église Catholique, avec tous les membres qui la composent, le Pape, notre Évêque, notre Roi, et généralement tous ceux qui font profession de votre sainte Foi.

Nous vous recommandons en particulier, Seigneur, ceux pour qui la justice, la reconnaissance et la charité nous obligent de prier, tous ceux qui sont présents à cet adorable Sacrifice, et singulièrement N. et N. Et afin, grand Dieu, que nos hommages vous soient plus agréables, nous nous unissons à la glorieuse Marie, toujours Vierge, Mère de notre Dieu et Seigneur J. C., à tous vos Apôtres, à tous les bienheureux Martyrs, et à tous les Saints, qui composent avec nous une même Église.

Que n'ai-je en ce moment, ô mon Dieu, les désirs enflammés avec lesquels les saints Patriarches souhaitaient la venue du Messie ! Que n'ai-je leur foi et leur amour ? Venez, Seigneur Jésus, venez aimable réparateur du monde, venez accomplir un Mystère qui est l'abrégé de toutes vos merveilles. Il vient cet Agneau de Dieu ; voici l'adorable Victime par qui tous les péchés du monde sont effacés.

ÉLÉVATION.

Voilà votre Dieu, votre Sauveur et votre Juge. Soyez quelque temps dans le silence, comme saisi d'admiration à la vue de ce qui se passe sur l'Autel. Rappelez toute votre ferveur, et livrez-vous à tous les sentiments que le respect, la confiance et la crainte sont capables d'inspirer.

Verbe incarné, divin Jésus, vrai Dieu et vrai homme, je crois que vous êtes ici présent, je vous y adore avec humilité ; je vous aime de tout mon cœur ; et comme vous y venez pour l'amour de moi, je me consacre entièrement à vous.

J'adore ce sang précieux que vous avez répandu pour tous les hommes, et j'espère, ô mon Dieu, que vous ne l'aurez pas versé inutilement pour moi. Faites-moi la grâce de m'en appliquer les mérites. Je vous offre le mien, aimable Jésus, en reconnaissance de cette charité infinie que vous avez eue de donner le vôtre pour l'amour de moi.

SUITE DU CANON.

Contemplez affectueusement votre Sauveur sur l'Autel. Méditez les mystères qu'il y renouvelle. Unissez le Sacrifice de votre cœur à celui de son Corps. Offrez-le à Dieu son Père, suppliez-le d'accepter les prières que ce cher Fils lui fait pour vous, et priez vous-même pour les autres.

Quelle serait donc désormais ma malice et mon ingratitude, si, après avoir vu ce que je vois, je consentais à vous offenser ? Non, mon Dieu, je n'oublierai jamais ce que vous me représentez par cette auguste cérémonie ; les souffrances de votre Passion, la gloire de votre Résurrection, votre corps tout déchiré, votre sang répandu pour nous, réellement présent à mes yeux sur cet autel.

C'est maintenant, éternelle Majesté, que nous vous offrons de votre grâce véritablement et proprement la Victime pure, sainte et sans tache qu'il vous a plu nous donner vous-même, et dont toutes les autres n'étaient que la figure. Oui, grand Dieu, nous osons vous le dire, il y a ici plus que tous les sacrifices d'Abel, d'Abraham et de Melchisédech ; la seule victime digne de votre autel, N. S. J. C. votre Fils, l'unique objet de vos éternelles complaisances. Que tous ceux qui participent ici de la bouche ou du cœur à cette sacrée Victime, soient remplis de ta bénédiction.

Que cette bénédiction se répande, ô mon Dieu, sur les âmes des fidèles qui sont morts dans la paix de l'Église, et particulièrement sur l'âme de N*** et de N***. Accordez-leur, Seigneur, en vertu de ces sacrifices, la délivrance entière de leurs peines.

Daignez nous accorder aussi un jour cette grâce à nous-mêmes, Père infiniment bon ! et faites-nous entrer en société avec les saints Apôtres, les saints Martyrs, et tous les Saints, afin que nous puissions vous aimer et vous glorifier éternellement avec eux. Ainsi, soit-il.

PATER NOSTER.

Nous voici avec Jésus sur un nouveau Calvaire. Tenons-nous au pied de sa croix avec une tendre compassion, comme Madeleine ; avec un amour fidèle, comme saint Jean ; avec espérance de le voir un jour dans sa gloire, comme les autres Disciples. Regardons-le quelquefois de loin, et pleurons nos péchés avec saint Pierre.

Que je suis heureux, ô mon Dieu, de vous avoir pour Père ! Que j'ai de joie de songer que le Ciel où vous êtes, doit être un jour ma demeure ! Que votre saint Nom soit glorifié par toute la terre. Régnez absolument sur tous les cœurs et sur toutes les volontés. Ne refusez pas à vos enfants la nourriture spirituelle et corporelle. Nous pardonnons de bon cœur : pardonnez-nous. Soutenez-nous dans les tentations et dans les maux de cette misérable mais préservez-nous du péché, le plus grand de tous les maux. Ainsi soit-il.

AGNUS DEI.

Dieu qui est si glorieux dans le Ciel, si puissant sur la terre, si terrible dans les enfers, n'est ici qu'un Agneau plein de douceur et de bonté. Il y vient pour effacer les péchés du monde, et en particulier les vôtres. Quel motif de confiance ! quel sujet de consolation !

Agneau de Dieu, immolé pour moi, ayez pitié de moi. Victime adorable de mon salut, sauvez-moi. Divin Médiateur, obtenez-moi ma grâce auprès de votre Père, donnez-moi votre paix.

COMMUNION.

Pour communier spirituellement, renouvelez par un acte de foi le sentiment que vous avez de la présence de J. C. Formez un acte de contrition. Excitez dans votre cœur un désir ardent de le recevoir avec le Prêtre. Priez-le qu'il agrée ce désir et qu'il s'unisse à vous, en vous communiquant ses grâces.

Si vous voulez communier sacramentalement, servez-vous ici des prières avant la communion, qui sont ci-après.

Qu'il me serait doux, à mon aimable Sauveur, d'être du nombre de ces heureux chrétiens, à qui la pureté de conscience et une tendre piété permettent d'approcher tous les jours de votre sainte Table !

Quel avantage pour moi, si je pouvais en ce moment vous posséder dans mon cœur, vous y rendre mes hommages, vous y exposer mes besoins, et participer aux grâces que vous faites à ceux qui vous reçoivent réellement ! Mais, puisque j'en suis très-indigne, suppléez, ô mon Dieu, à l'indisposition de mon âme. Pardonnez-moi tous mes péchés, je les déteste de tout mon cœur, parce qu'ils vous déplaisent. Recevez le désir sincère que j'ai de m'unir à vous. Purifiez-moi d'un seul de vos regards, et mettez-moi en état de vous bien recevoir au plus tôt.

En attendant cet heureux jour, je vous conjure, Seigneur, de me faire participant des fruits que la communion du Prêtre doit produire en tout le peuple fidèle qui est présent à ce sacrifice. Augmentez ma foi par la vertu de ce divin Sacrement ; fortifiez mon espérance ; épurez en moi la charité : remplissez mon cœur de votre amour, afin qu'il ne respire plus que vous, et qu'il ne vive plus que pour vous. Ainsi soit-il.

DERNIÈRES ORAISONS.

Efforcez-vous de rendre au Sauveur ; sacrifice pour sacrifice, en devenant la victime de son amour, en lui immolant toutes les recherches de l'amour-propre, toutes les attentions du respect humain, toutes les répugnances et toutes les inclinations qui ne s'accordent pas avec l'accomplissement de vos devoirs.

Vous venez, ô mon Dieu, de vous immoler pour mon salut, je veux me sacrifier pour votre gloire. Je suis votre victime, ne m'épargnez point ! J'accepte de bon cœur toutes les croix qu'il vous plaira de m'envoyer ; je les bénis, je les reçois de votre main, et je les unis à la vôtre.

Je sors purifié de vos saints Mystères, je fuirai avec horreur les moindres taches du péché, surtout de celui où mon penchant m'entraîne avec plus de violence. Je serai fidèle à votre loi, et je suis résolu de tout perdre et de tout souffrir, plutôt que de la violer.

BÉNÉDICTION.

Bénissez, ô mon Dieu, ces saintes résolutions ; bénissez-nous tous par la main de votre Ministre : et que les effets de votre bénédiction demeurent éternellement sur nous. Au nom du Père, et du Fils, et du Saint-Esprit. Ainsi soit-il.

DERNIER ÉVANGILE.

Verbe divin, Fils unique du Père, lumière du monde venue du Ciel pour nous en montrer le chemin, ne permettez pas que je ressemble à ce peuple infidèle, qui a refusé de vous reconnaître pour le Messie. Ne souffrez pas que je tombe dans le même aveuglement que ces malheureux, qui ont mieux aimé devenir esclaves de Satan, que d'avoir part à la glorieuse adoption d'enfants de Dieu, que vous veniez leur procurer.

Verbe fait chair, je vous adore avec le respect le plus profond ; je mets toute ma confiance en vous seul, espérant fermement que, puisque vous êtes non Dieu, et un Dieu qui s'est fait homme afin de sauver les hommes, vous m'accorderez les grâces nécessaires pour me sanctifier, et vous posséder éternellement dans le Ciel. Ainsi soit-il.

Ne sortez point de l'église sans avoir témoigné votre reconnaissance pour toutes les grâces que Dieu vous a faites dans ce sacrifice. Conservez-en précieusement le fruit, et faites qu'on demeure convaincu en vous voyant, que vous avez profité de la mort et de l'immolation d'un Dieu Sauveur.

PRIÈRE APRÈS LA SAINTE MESSE.

Seigneur, je vous remercie de la grâce que vous m'avez faite, en me permettant aujourd'hui d'assister au sacrifice de la sainte messe, préférablement à tant d'autres qui n'ont pas eu le même bonheur ; et je vous demande pardon de toutes les fautes que j'ai commises par la dissipation et la langueur où je me suis laissé aller en votre présence. Que ce sacrifice, ô mon Dieu, me purifie pour le passé, et me fortifie pour l'avenir.

Je vais présentement avec confiance aux occupations où votre volonté m'appelle. Je me souviendrai toute cette journée de la grâce que vous venez de me faire, et je tâcherai de ne laisser happer aucune parole, aucune action, ne former aucun désir, ni aucune Pensée, qui me fasse perdre le fruit de la messe que je viens d'entendre. C'est ce que je me propose, avec le secours de votre sainte grâce. Ainsi soit-il.

PRIÈRES POUR LA CONFESSION

INVOQUEZ LE SECOURS DU SAINT-ESPRIT POUR CONNAÎTRE VOS DÉFAUTS.

Il n'est rien de plus important dans le Christianisme, que de recevoir avec les dispositions nécessaires le sacrement de Pénitence. Il ne faudrait s'en approcher qu'une fois avec ferveur, pour devenir saint. Cependant, après plusieurs confessions, on se trouve toujours les mêmes qu'auparavant. D'où vient cela ? de notre négligence à nous y bien disposer, et de ce que nous n'apportons pas toujours à ce sacrement toutes les conditions qu'il demande.

Pour n'avoir donc pas le malheur de trouver la mort d'où vous cherchez la vie, instruisez-vous à loisir et à fond de ce qui est requis pour faire une bonne confession. Confessez-vous souvent, et tant qu'il se pourra au même confesseur, jamais par routine et par habitude, mais toujours comme si c'était pour mourir incontinent après. Rentré sérieusement en vous-même, et vous examinez sur les points ci-après manqués : mais que votre application principale soit d'exciter la douleur de péchés, et de la témoigner à Dieu par de fervents actes de contrition, tirés du cœur plutôt que des lèvres. Demandez-la dès la veille, et tout le jour votre confession. Faites pour cela quelques bonnes œuvres. Allez la demander à J. C. au saint Sacrement. Accompagnez cette douleur d'une forte résolution de ne plus pécher, et d'apprendre les moyens les plus efficaces pour éviter les rechutes.

Approchez du tribunal de la réconciliation avec des sentiments de respect et d'amour, de confusion et de courage, de crainte et de confiance. Déclarez-y toutes vos fautes d'une manière nette, simple, précise et discrète, avec humilité et sincérité, comme si vous parliez à Dieu. Écoutez ce qu'il nous dit par la bouche de son ministre. Recevez avec de grands sentiments de reconnaissance, l'application du sang et des satisfactions de J. C. Unissez votre pénitence à celle qu'il a faite pour vous, acquittez-vous-en au plus tôt, et songez efficacement à vous punir de vos fautes passées, et à vous en corriger.

AVANT LA CONFESSION.
Demandez à Dieu d'approcher du Sacrement avec les dispositions nécessaires.

Dieu Saint, qui êtes toujours favorablement disposé à recevoir le pécheur, et à lui pardonner, jetez les yeux sur une âme qui retourne à vous de bonne foi, et qui cherche à laver ses taches dans les eaux salutaires de la pénitence. Faites-moi la grâce, de mon Dieu, d'en approcher avec les dispositions nécessaires ; soyez dans mon esprit, afin que je connaisse tous mes péchés ; soyez dans mon cœur, afin que je les déteste ; soyez dans ma bouche, afin que je les confesse et que j'en obtienne la rémission.

Invoquez le secours du Saint-Esprit pour connaître vos défauts.

Esprit Saint, source de lumière, daignez répandre un de vos rayons dans mon cœur, et venez m'aider à connaître mes péchés. Montrez-les-moi, Seigneur, aussi distinctement que je les connaîtrai, quand au sortir de cette vie, il me faudra paraître devant vous pour être jugé.

Faites-moi connaître, ô Dieu Saint, et le mal que j'ai fait et le bien que j'ai omis. Faites-moi voir le nombre et la grandeur de mes infidélités dans votre service. Faites que je sache combien de fois, jusqu'à quel point j'ai offensé le prochain, le tort que je me suis fait à moi-même, et les fautes que j'ai commises contre les devoirs de mon état.

Éclairez-moi, et ne souffrez pas, ô Dieu de vérité, que l'amour criminel que j'ai pour moi, me séduise et m'aveugle : ôtez le voile qu'il me met devant les yeux, afin que rien ne m'empêche de me bien connaître moi-même et de me faire connaître autant qu'il est nécessaire à celui qui tient ici votre place.

Examinez-vous sur les péchés qu'on peut commettre.
CONTRE DIEU.

Sur la Foi. Par doutes volontaires, curiosités, superstitions, songes, bonne aventure, lectures défendues, railleries sur les choses saintes, négligence à s'instruire de sa Religion.

Sur l'Espérance. Par défiance de la miséricorde de Dieu, présomption de sa bonté ou de nos propres forces, manque de soumission, découragement volontaire, dégoût, désespoir.

Sur la Charité. Par murmure contre la Providence, résistance volontaire aux inspirations, négligence à empêcher le mal quand on le doit et qu'on le peut ; en péchant par respect humain ; en partageant son cœur entre Dieu, et quelqu'autre chose qu'on ne doit pas aimer, ou n'aimer que pour Dieu, n'aimant pas le prochain pour l'amour de Dieu.

Sur la Religion. En omettant ses devoirs de piété, ses prières, la messe, la pénitence, ou en s'en acquittant mal. En commettant des irrévérences dans l'église, postures immodestes, discours, vue égarée, distractions volontaires. En violant les saints jours de Dimanches et de Fêtes, par le travail, vente ou achat, par les jeux, les divertissements, les compagnies qui détournent du service de Dieu En faisant de faux serments ; en mentant, en prenant le nom de Dieu en vain, en jurant à la légère, en pratiquant la simonie dans la recherche ou collation d'un bénéfice ; en manquant à louer Dieu, à lui rendre grâces de ses bienfaits, à se soumettre à ses saintes volontés.

CONTRE LE PROCHAIN.

En Pensées. Par jugements téméraires, mépris de sa personne, de ses actions ; par envie, haine, aigreur, aversion, désirs de vengeance. Il faut déclarer si ces sentiments ont été volontaires, s'ils ont duré, s'ils ont paru au dehors, si c'est contre des Supérieurs.

En Paroles. Par des calomnies, par des médisances faites, entendues, non empêchées ; médisances en chansons, livres, écrits et plaidoyers diffamatoires.

Il faut dire par quel motif on les a faites, devant combien de personnes, si elles sont de conséquence et préjudiciables. Par discours contre la charité ; rapports mal à propos, vrais ou faux ; semence de divisions, railleries, mépris. Par mauvais conseils, flatteries, applaudissement au mal. Par faux témoignage, déclaration du secret ou des fautes d'autrui. Par affronts, reproches, paroles outrageantes, imprécations, malédictions.

En Actions. Par l'injuste détention du bien d'autrui, contrats, prêts usuraires ; tromperies ou infidélités dans les marchés, ventes, achats, jeux, ouvrages, commissions ; en falsifiant, survendant, se compensant, s'appropriant des restes, laissant dépérir, dérobant, recélant ou achetant une chose dérobée ; en négligeant l'ouvrage ; en donnant ou détournant des biens de communauté. Par scandale, complaisance criminelle, mauvais exemple.

En Omission. Par négligence à restituer, à réparer des médisances, à se réconcilier ; à s'acquitter des devoirs de mari et d'épouse, amour, fidélité, respect, déférence, soumission, support, patience ; de père et de mère, de maître et de maîtresse, instruction, bon exemple, correction, établissement justice, charité ; d'enfants, de domestiques, respect, amour, obéissance, secours, fidélité ; de Magistrats, gens de Justice, d'ouvriers, etc.

CONTRE SOI-MÊME.

Par Orgueil. En s'estimant trop : en parlant avantageusement de soi, recherchant les honneurs, ayant pour soi une vaine complaisance et du mépris, pour les autres, trompant le monde par hypocrisie, et par une modestie affectée.

Par Avarice. En ne faisant pas des aumônes selon son pouvoir ; en s'attachant trop aux biens de la vie ; en s'inquiétant trop pour l'avenir ; en se refusant et refusant à d'autres le nécessaire.

Par Envie. En méprisant et décriant les autres ; en se réjouissant du mal, et s'affligeant du bien qui leur arrive, en souhaitant avec jalousie ce qu'ils ont.

Par Impureté. En pensées déshonnêtes et volontaires, s'y arrêtant négligemment, y prenant plaisir, soit qu'on désire de faire le mal qu'on pense, soit qu'on n'en ait aucun désir, mais que l'on s'en tienne à une simple complaisance. Il faut dire si elles ont causé des mouvements déréglés. En paroles, disant ou entendant avec plaisir des paroles sales, ou à double sens, en chantant des airs dissolus, en y prêtant l'oreille, en entretenant des conversations trop libres et trop familières, surtout avec différent sexe, ou en les souffrant dans ceux qu'on doit reprendre. En regards, considérant par curiosité et par sensualité de mauvais objets, comme tableaux, mauvais livres ; en allant ou menant les autres dans des assemblées criminelles ou dangereuses, en s'exposant dans l'occasion de pécher, ou en la donnant aux autres, comme de prêter de mauvais livres, de porter des habits immodestes et peu fermés. En actions, prenant sur soi ou sur les autres des libertés sensuelles, en les permettant ; baisers lascifs, attouchements, secrètes et infâmes habitudes ; le péché honteux ; tout ce qui n'est point permis entre personnes mariées.

Il faut tout exprimer, et le plus modestement qu'il se peut ; déclarer les circonstances qui changent ou qui augmentent le péché ; et dire si l'on a employé ou négligé les moyens de se défaire d'une si dangereuse et si damnable passion. Bien examiner ce qui est volontaire ou involontaire ; ce qui est de pure négligence ou de goût et de complaisance en cette matière, le nombre des péchés, le temps que l'habitude a duré, l'occasion qu'on y a donnée ; avec qui l'on a péché ou désiré de pécher, sans néanmoins nommer personne, etc.

Par Gourmandise. En mangeant ou buvant avec excès, en y excitant les autres, fréquentant les cabarets, au lieu d'être à l'Office divin, ou de travailler, cherchant à satisfaire ses appétits ; mangeant sans règle et avec sensualité ; manquant aux jeûnes et aux abstinences.

Par Colère. En se laissant aller au dépit et à l'emportement, sans se retenir, disant des paroles injurieuses, donnant des malédictions, souhaitant du mal, donnant occasion aux autres de s'emporter, se querellant, frappant, persévérant dans sa colère, refusant de pardonner et de contribuer à la réconciliation. Les enfants et les domestiques doivent s'accuser des sujets d'impatience qu'ils ont donnés.

Par Paresse. En se négligeant sur la fréquentation des Sacrements, la Prière, les Sermons, la mortification de ses passions, l'usage des moyens de se corriger, la fuite des occasions, l'étude de ses devoirs, le règlement de son temps et de ses affaires temporelles, le soin de son éternité.

Pour une Confession ordinaire et fréquente, on peut se contenter du petit Examen qui est à la Prière du soir.

Témoigner sa douleur par un Acte de Contrition.

Quel sujet de confusion pour moi, ô mon Dieu, de tomber toujours dans les mêmes fautes, si souvent, si facilement, et après vous avoir tant de fois promis de ne les plus commettre ! Ai-je bien pu pécher en votre présence, pour si peu de chose ; connaissant combien le péché vous déplaît, et abusant même de vos bienfaits pour vous offenser ? Ô mon Dieu, mon Père, le meilleur et le plus patient de tous les Pères ! apaisez votre colère : pardonnez-moi et ne me punissez pas selon la rigueur de votre justice.

Laissez-vous toucher, ô mon Dieu, par les regrets d'un cœur véritablement contrit, a un cœur plus touché de ses fautes pour le déplaisir que vous en avez reçu, que pour la peine qu'elles ont méritée. Laissez-vous toucher par les regrets d'un cœur sincèrement affligé de vous avoir déplu, vous qui êtes infiniment bon et si digne d'être infiniment aimé.

Pardon, mon Dieu, pour tout le mal que j'ai commis et que j'ai fait commettre : pardon pour tout le bien que je n'ai pas fait, et que je devais faire, ou que j'ai mal fait : pardon pour tous les péchés que je connais et que je ne connais pas. Je les déteste, je les désavoue, je voudrais les effacer de mon sang, et réparer, au prix même de tout ce que j'ai de plus cher, le déplaisir qu'ils vous ont causé.

Oh ! si mes regrets pouvaient égaler mes fautes ! Suppléez à ma douleur, Sauveur agonisant dans le jardin des Oliviers, mettez dans mon cœur une goutte de cette mer d'amertume dont votre âme fut alors pénétrée ; que je sois triste de mon péché, et triste jusqu'à la mort.

Former un bon propos.

Je devais plutôt mourir que de vous offenser, ô mon Dieu ; mais puisque j'ai eu ce malheur, et que le passé n'est plus à moi, je vais prendre de si fortes résolutions pour l'avenir, qu'avec le secours de votre grâce, je serai désormais sur mes gardes, et plus attentif à ne rien faire qui vous déplaise. J'éviterai avec soin le péché, les sources et les occasions du péché, et particulièrement celui que l'habitude, la malice ou la faiblesse me font commettre avec plus de facilité.

Je veux sincèrement me servir pour cela des moyens qui me seront suggérés par votre ministre, dont j'écouterai toutes les paroles comme si elles sortaient de votre bouche : pleinement persuadé que c'est vous, mon Dieu, qui me parlez par la sienne, dans les avis salutaires qu'il me donne, et que c'est à vous que je réponds et que je promets, dans les réponses et dans les promesses que je lui fais.

Espérer en la miséricorde de Dieu.

Je sais, ô mon Dieu, jusqu'à quel point je vous ai offensé, et ce que je devrais attendre de votre indignation, si votre infinie miséricorde et les mérites de J. C. mon Sauveur, n'apaisaient votre justice, et ne sollicitaient ma grâce auprès de vous.

Non, mon Dieu, vous ne rejetterez pas la prière que ce Fils aimable et innocent vous fait pour un coupable qui connaît ses fautes, et qui va les déclarer au ministre à qui vous avez donné le pouvoir de les remettre.

C'est dans cette espérance, ô Dieu de bonté, que je me présente au sacré tribunal ; plein de confiance, qu'en m'accusant de mes péchés entièrement, sincèrement et avec humilité, vous ratifierez dans le Ciel la sentence d'absolution qui sera prononcée en ma faveur sur la terre.

Se recommander à la Sainte Vierge et à l'Ange Gardien.

Vierge sainte, Mère de grâce, Mère de miséricorde, et refuge assuré des pauvres pécheurs, intercédez en ce moment pour moi, afin que la confession que je vais faire ne me rende pas plus criminel, mais que j'y trouve au contraire le pardon de tout le passé, et les grâces nécessaires pour ne plus pécher à l'avenir.

Mon bon Ange, fidèle et zélé gardien de mon âme, qui avez été témoin de mes chutes, aidez-moi à me relever, et faites que je trouve dans ce sacrement la grâce de ne plus retomber. Ainsi soit-il.

Approchez du confessionnal avec le recueillement, le silence et la modestie que vous auriez ; si J. C., visiblement et en personne, était à la place du Prêtre, et que vous dussiez vous confesser à lui. Tenez-vous en sa présence dans les sentiments de confusion, de douleur et de patience d'un criminel qui paraît devant son juge. Peut-on s'humilier assez, quand on a mérité l'enfer, et qu'on cherche à obtenir sa grâce ?

APRÈS LA CONFESSION.

Former un Acte de Foi sur les effets du Sacrement.

Oserais-je me le persuader, ô mon Dieu, que de criminel que j'étais il n'y a qu'un moment, me voici, par la grâce du sacrement, justifié et entièrement lavé de mes taches ? Oui, Dieu de bonté, je viens d'être absous, et cette sentence de miséricorde me remet dans vos bonnes grâces, si, comme je le souhaite, et que j'espère l'avoir fait, j'y ai apporté les dispositions nécessaires.

C'est l'effet du sang précieux que vous avez répandu pour moi, aimable Rédempteur des hommes. C'est à vos sacrées plaies, dont la vertu a guéri les miennes, que je dois ma réconciliation et mon salut.

Remercier Dieu.

Ô mon âme, remercie le Seigneur ton Dieu, et reconnais les prodiges de sa miséricorde à ton égard. Pour d'effroyables supplices auxquels tu étais justement condamnée, ce Dieu de bonté veut bien se contenter d'une satisfaction légère, pardonner tout et oublier tout. Mon Dieu, il faut être ce que vous êtes, un Dieu plein de douceur, plein de miséricorde, pour en user ainsi envers de si misérables créatures.

Que vous êtes bon, ô mon Dieu ! j'en fais aujourd'hui une expérience bien douce. Mais comment pourrai-je vous en témoigner ma reconnaissance ? Le moins que je puisse, ô divin Réparateur ; de mon âme ! c'est de vous offrir aujourd'hui et tous les jours de ma vie, un sacrifice de louanges ; c'est de bénir et d'exalter sans cesse votre infinie miséricorde.

Je le fais de tout mon cœur, mon Dieu, et je le ferai jusqu'à la mort. Toute ma vie je glorifierai un Dieu si bon, le meilleur de tous les maîtres, le plus doux et le plus aimable de tous les pères.

Réitérer la résolution de ne plus pécher.

Mon Dieu, ce que vous venez de faire en ma faveur, m'inspire une haine toute nouvelle pour le péché, et me fait prendre une nouvelle résolution de n'en plus commettre. Je vous conjure donc, ô mon Dieu, d'augmenter en moi le désir que j'ai de changer de vie ; fortifiez par votre grâce la résolution où je suis de ne plus pécher, et rendez efficace le propos que je fais d'éviter toutes les occasions du péché, et surtout du péché qui vous déplaît en moi depuis si longtemps.

Je vais commencer, ô mon Dieu, et faire voir dès ce moment que j'ai eu le bonheur de me réconcilier avec vous. On s'apercevra dès aujourd'hui, par la régularité de ma conduite, que vous êtes avec moi J'en prendrai tous les moyens : je me ferai pour cela les dernières violences ; je me combattrai sans cesse. Sûr de votre secours et de la victoire, plus sûr encore que si j'ai assez de courage pour triompher de moi-même sur la terre, j'aurai le bonheur de régner éternellement avec vous dans le ciel. Ainsi soit-il.

Ne différez pas à faire la pénitence qui vous a été enjointe : mais, pour témoigner à Dieu que votre retour est sincère, recherchez les causes de vos péchés, et voyez comment vous pourrez les retrancher. Prévoyez les occasions que vous pourrez avoir de retomber dans vos fautes ordinaires. Prenez à ce moment, une forte résolution de les éviter, et condamnez-vous dès à présent à quelque pénitence, que vous exécuterez autant de fois que vous y retomberez.

PRIÈRES POUR LA SAINTE COMMUNION

Voici l'abrégé des merveilles du Tout-puissant : le sacrement le plus auguste, le plus saint et le plus capable de nous sanctifier. J. C. s'y trouve en personne ; il y agit en Dieu, il y vient les mains pleines de grâces, et il ne souhaite rien tant que de nous les communiquer.

Une seule communion bien faite peut nous établir constamment dans le bien, de manière que le sacrement du corps de J. C. soit pour nous un gage de la vie éternelle, qui est la fin que notre divin Sauveur s'est proposée en se donnant à nous.

Cependant tant de personnes communient, et si peu retirent de la communion ce grand avantage ! D'où vient un si étonnant prodige ? C'est que plusieurs, ainsi que Judas, communient en péché, et cette manne céleste se tourne pour eux en poison mortel. C'est qu'un grand nombre approchent de la sainte table sans être suffisamment disposés pour profiter du sacré banquet, et cette source intarissable de tout bien, qui leur était ouverte, coule inutilement pour eux.

Apportons-y donc les dispositions nécessaires : dispositions éloignées, c'est-à-dire une grande pureté de conscience, ou au moins une forte application à l'acquérir ; une fidélité constante à remplir les devoirs de notre état, un désir ardent de répondre aux desseins qu'a le Fils de Dieu en se donnant à nous. Dispositions prochaines : elles consistent dans les exercices qui précèdent, qui accompagnent et qui suivent cette sainte action.

Dès la veille, dressez à cette intention tout ce que vous ferez : tenez-vous dans un plus grand recueillement, pratiquez quelques bonnes œuvres ; lisez quelque chose du quatrième livre de l'Imitation : allez rendre visite à celui que vous devez recevoir : produisez intérieurement les actes des vertus qui ont plus de liaison avec ce sacrement ; de foi, d'humilité, de douleur de vos fautes, de désir, de l'espérance. Finissez la journée, et tâchez de vous endormir avec cette pensée consolante : *Je dois demain recevoir mon Dieu*. Rappelez-la le lendemain en vous éveillant, et méditez-la le matin.

Allez à l'église avec modestie, attendez-y votre bonheur, en produisant les actes dont nous avons déjà parlé : de foi, d'humilité, de contrition, d'espérance, de désir, d'amour. Réitérez-les encore avec une dévotion nouvelle, quand vous posséderez, le Sauveur. Ménagez les moments d'un temps si précieux. Remerciez, offrez, demandez, formez de généreuses résolutions. Votre piété vous suggérera les sentiments convenables. Excitez-les en vous-même en lisant les prières suivantes. Lisez-les lentement ; rendez-vous les propres ; faites-les passer des yeux dans le cœur, c'est là qu'elles doivent s'allumer, vous enflammer, et vous élever avec ferveur jusque dans le Ciel.

AVANT LA COMMUNION.

ACTE DE FOI.

Dieu du ciel et de la terre, Sauveur des hommes, vous venez à moi, et j'aurai le bonheur de vous recevoir ! qui pourrait croire un semblable prodige, si vous ne l'aviez dit vous-même ! Oui, Seigneur, je crois que c'est vous-même que je vais recevoir dans ce sacrement vous-même, qui, étant né dans une crèche, avez voulu mourir pour moi sur la croix, et qui, tout glorieux que vous êtes dans le Ciel, ne laissez pas d'être caché sous ces espèces adorables.

Je le crois, mon Dieu, et je m'en tiens plus assuré que si je le voyais de mes propres yeux. Je le crois parce que vous l'avez dit : que j'adore votre sainte parole ! Je le crois ; et, malgré ce que mes sens peuvent me dire, je renonce à mes sens, pour me captiver sous l'obéissance de la foi.

Je le crois, et s'il fallait souffrir mille morts pour la confession de cette vérité, aidé de votre grâce, ô mon Dieu, je les souffrirais plutôt que de démentir sur ce point ma croyance et ma religion.

ACTE D'HUMILITÉ.

Qui suis-je, ô Dieu de gloire et de majesté ? qui suis-je, pour que vous daigniez jeter les yeux sur moi ? D'où me vient cet excès de bonheur, que mon Seigneur et mon Dieu veuille venir à moi ? moi pécheur, moi ver de terre, moi plus méprisable que le néant, approcher d'un Dieu aussi saint ! manger le pain des Anges ! me nourrir d'une chair divine !... Ah ! Seigneur, je ne le mérite pas, je n'en serai jamais digne !

Roi du ciel, Auteur et Conservateur du monde, Monarque universel, je m'anéantis devant vous, et je voudrais pouvoir m'humilier aussi profondément pour votre gloire, que vous vous abaissez-dans ce sacrement pour l'amour de moi. Je reconnais avec toute l'humilité possible, et votre souveraine grandeur, et mon extrême bassesse. La vue de l'une et de l'autre me jette dans une confusion que je ne puis exprimer, ô mon Dieu ! je dirai seulement, avec une humble sincérité, que je suis très-indigne de la grâce que vous daignez me faire aujourd'hui.

ACTE DE CONTRITION.

Vous venez à moi, Dieu de bonté et de miséricorde ! Hélas ! mes péchés devraient bien plutôt vous en éloigner ! Mais je les désavoue en votre présence, ô mon Dieu ! Sensible au déplaisir qu'ils vous ont causé, touché de votre infinie bonté, résolu sincèrement de ne les plus commettre, je les déteste de tout mon cœur, et vous en demande très-humblement pardon. Pardonnez-les-moi, mon père, mon aimable père, puisque vous m'aimez encore jusqu'à permettre que je m'approche aujourd'hui de vous, pardonnez-les-moi.

Je suis déjà lavé, comme je l'espère, par le sacrement de Pénitence : mais lavez-moi, Seigneur, encore davantage : purifiez-moi des moindres souillures : créez dans moi un cœur nouveau, et renouvelez jusqu'au fond de mes entrailles cet esprit d'innocence, qui me mette en état de vous recevoir dignement.

ACTE D'ESPÉRANCE.

Vous venez à moi, divin Sauveur des âmes; que ne dois-je pas espérer de vous ? que ne dois-je pas attendre de celui qui se donne entièrement à moi ?

Je me présente donc à vous, ô mon Dieu, avec toute la confiance que m'inspirent votre puissance infinie et votre infinie bonté. Vous connaissez tous mes besoins, vous pouvez les soulager ; vous le voulez, vous m'invitez d'aller à vous, vous me promettez de me secourir. Hé bien, mon Dieu, me voici ; je viens sur votre parole. Je me présente à vous avec toutes mes faiblesses, mon aveuglement et mes misères ; j'espère que vous me fortifierez, que vous m'éclairerez, que vous me soulagerez, que vous me changerez.

Je l'espère sans crainte d'être trompé dans mon espérance. Car n'êtes-vous pas, ô mon Dieu, le maître de mon cœur ? Et quand mon cœur sera-t-il plus absolument dans votre disposition, que quand vous y serez une fois entré ?

ACTE DE DÉSIR.

Est-il donc possible, ô Dieu de bonté, que vous veniez à moi, et que vous y veniez avec un désir infini de m'unir à vous ? Ô venez, le bien-aimé de mon cœur ; venez, Agneau de Dieu, chair adorable, sang précieux de mon Sauveur ; venez servir de nourriture à mon âme. Que je vous voie, ô le Dieu de mon cœur, ma joie, mes délices, mon amour, mon Dieu, mon tout !

Qui me donnera des ailes pour voler vers vous ? Mon âme éloignée de vous, impatiente d'être remplie de vous, languit sans vous, vous souhaite avec ardeur, et soupire après vous, ô mon Dieu, ô mon unique bien, ma consolation, ma douceur, mon trésor, mon bonheur et ma vie, mon Dieu et mon tout !

Venez donc, aimable Jésus, et quelqu'indigne que je sois de vous recevoir, dites seulement une parole, et je serai purifié. Mon cœur est prêt ; et s'il ne l'était pas, d'un seul de vos regards vous pouvez le préparer, l'attendrir et l'enflammer. Venez, Seigneur Jésus, venez.

APRÈS LA COMMUNION.

À ce moment que la plénitude de la divinité habite corporellement en vous, entrez avec la Sainte Vierge dans une méditation profonde sur les merveilles qui s'opèrent en vous : regardez-vous comme le tabernacle vivant où réside le Saint des Saints, arrêtez par cette pensée toutes les distractions de votre esprit, et tenez-vous dans un parfait recueillement.

ACTE D'ADORATION.

Adorable Majesté de mon Dieu, devant qui tout ce qu'il y a de plus grand dans le Ciel et sur la terre, se reconnaît indigne de paraître ! que puis-je faire ici en votre présence, si ce n'est de me taire, et de vous honorer dans le plus profond anéantissement de mon âme.

Je vous adore, ô Dieu saint ; je rends mes justes hommages à cette grandeur suprême, devant laquelle tout genou fléchit ; en comparaison de laquelle toute puissance n'est que faiblesse, toute prospérité que misère, et les plus éclatantes lumières que ténèbres épaisses.

À vous seul, grand Dieu, Roi des siècles. Dieu immortel, à vous seul appartient tout honneur et toute gloire. Gloire, honneur, salut et bénédiction à celui qui vient au nom du Seigneur ! Béni soit le Fils éternel du Très-Haut, qui daigne s'unir aujourd'hui si intimement à moi, et prendre possession de mon cœur.

ACTE D'AMOUR.

J'ai donc enfin le bonheur de vous posséder, ô Dieu d'amour ! Quelle bonté ! Que ne puis-je y répondre ! Quel ne suis-je tout cœur pour vous aimer, pour vous aimer autant que vous êtes aimable, et pour n'aimer que vous ! Embrasez-moi mon Dieu, brûlez, consumez mon cœur de votre amour. Mon bien-aimé est à moi. Jésus, l'aimable Jésus se donne à moi... Anges du Ciel, mère de mon Dieu, Saints du Ciel et de la terre, prêtez-moi vos cœurs : donnez-moi votre amour, pour aimer mon aimable Jésus.

Oui, je vous aime, ô le Dieu de mon cœur ; je vous aime de toute mon âme, je vous aime souverainement ; je vous aime pour l'amour de vous, et avec une ferme résolution de n'aimer jamais que vous. Je le jure, je le proteste ; mais assurez vous-même, ô mon Dieu, les saintes résolutions dans mon cœur, qui est présentement vous.

ACTE DE REMERCIEMENT.

Quelles actions de grâces, ô mon Dieu, pourraient égaler la faveur que vous me faites aujourd'hui ? Non content de m'avoir aimé jusqu'à mourir pour moi, Dieu de bonté, vous daignez encore venir en personne m'honorer de votre visite, et vous donner à moi ? Ô mon âme, glorifie le Seigneur ton Dieu ! Reconnais sa bonté, exalte sa magnificence, publie éternellement sa miséricorde. C'est avec un cœur attendri et plein de reconnaissance, ô mon doux Sauveur, que je vous remercie de la grande grâce que vous daignez me faire. J'ai été un infidèle, un lâche, un prévaricateur, mais je ne veux pas être un ingrat. Je veux me souvenir éternellement qu'aujourd'hui vous vous êtes donné à moi, et marquer pour toute la suite de ma vie, les obligations excessives que je vous ai, ô mon Dieu, en me donnant parfaitement à vous.

ACTE DE DEMANDE.

Vous êtes en moi, source inépuisable de tous les biens ! Vous y êtes plein de tendresse pour moi, les mains pleines de grâce, et prêt à les répandre dans mon cœur. Dieu bon, libéral et magnifique, répandez-les avec profusion, voyez mes besoins, voyez votre pouvoir. Faites-en-moi ce pourquoi vous y venez : ôtez ce qui vous déplaît dans mon cœur, mettez-y ce qui peut me rendre agréable à vos yeux. Purifiez mon corps, sanctifiez mon âme ; appliquez-moi les mérites de votre vie et de votre mort : unissez-vous à moi, chaste époux des âmes ; unissez-moi à vous : vivez en moi, afin que je vive en vous, que je vive de vous, et à jamais pour vous.

Faites-en-moi, aimable Sauveur, ce pourquoi vous y venez ; accordez-moi les grâces que vous savez m'être nécessaires. Accordez les mêmes grâces à tous ceux et à celles pour qui je suis obligé de prier. Pourriez-vous, mon aimable Sauveur, me refuser quelque chose, après la grâce que vous me faites aujourd'hui, de vous donner vous-même à moi ?

ACTE D'OFFRANDE.

Vous me comblez de vos dons, Dieu de miséricorde ; et en vous donnant à moi, vous voulez que je ne vive plus que pour vous. C'est aussi, ô mon Dieu, le plus grand de tous mes désirs, que d'être entièrement à vous. Oui, je veux que tout ce que j'aurai désormais de pensées, tout ce que je formerai ou exécuterai de desseins, soit dans l'ordre de la parfaite soumission que je vous dois.

Je veux que tout ce qui dépend de moi, santé, forces, esprit, talents, crédit, biens, réputation, ne soient employés que pour les intérêts de votre gloire. Assujettissez-vous donc, ô Roi de mon cœur, toutes les puissances de mon âme : régner absolument sur ma volonté, je la soumets à la vôtre. Après la faveur dont vous m'honorez, je ne souffrirai pas qu'il y ait rien à moi qui ne soit parfaitement à vous.

ACTE DE BON PROPOS.

Ô le plus patient et le plus généreux de tous les amis, qu'est-ce qui pourrait désormais me séparer de vous ? Je renonce de tout mon cœur à ce qui m'en avait éloigné jusqu'ici, et je me propose, avec le secours de votre grâce, de ne plus retomber dans mes fautes passées.

Ainsi donc ô mon Dieu, plus de pensées, de désirs, de paroles ou d'actions, qui soient le moins du monde contraires à la pudeur ou à la charité ; plus d'impatience, de jurements, de mensonges, de querelles, de médisances ; plus d'omissions dans mes devoirs, ni de langueur dans votre service ; plus de liaisons sensibles, ni d'amitiés naturelles ; plus d'attaches à mes sentiments, ni à mes commodités ; plus de délicatesse sur le mépris et sur les discours des hommes ; plus de passion pour l'estime et l'attention du monde. Plutôt mourir, ô mon Dieu, plutôt expirer ici devant vous, que de jamais vous déplaire.

Vous êtes au milieu de mon cœur, divin Jésus : c'est en votre présence que je conçois ces résolutions, afin que vous les confirmiez, et que votre adorable Sacrement, que je viens de recevoir, en soit comme le sceau, qu'il ne me soit jamais permis de violer. Confirmez donc, ô Dieu de bonté, le désir que j'ai d'être uniquement à vous, et de ne vivre plus que pour votre gloire. Ainsi soit-il.

PRIÈRE POUR DEMANDER LA BÉNÉDICTION DU TRÈS-SAINT-SACREMENT.

Divin Sauveur de nos âmes, qui avez bien voulu nous laisser votre précieux corps et votre précieux sang dans le très-saint Sacrement, de l'autel ; je vous y adore avec un profond respect ; je vous remercie très-humblement de toutes les grâces que vous nous y faites ; et comme vous êtes la source de toutes les bénédictions, je vous conjure de les répandre aujourd'hui sur moi et sur ceux et celles pour lesquels j'ai intentionné vous prier.

Mais afin que rien n'arrête le cours de ces bénédictions, ôtez de mon cœur tout ce qui vous déplaît, ô mon Dieu, pardonnez-moi mes péchés, je les déteste sincèrement pour l'amour de vous ; purifiez mon cœur, sanctifiez mon âme : bénissez-moi, mon Dieu, d'une bénédiction semblable à celle que vous donnâtes à vos disciples, en les quittant pour monter au ciel. Bénissez-moi d'une bénédiction qui me change, qui me consacre, et qui m'unisse parfaitement à vous ; qui me remplisse de votre esprit, et qui me soit dès cette vie un gage assuré de la bénédiction que vous préparez à vos Élus. Je vous la demande au nom du Père, et du Fils, et du Saint-Esprit.

PRIÈRES DIVERSES

POUR HONORER LE SAINT OU LA SAINTE DONT ON PORTE LE NOM.

Célébrez tous les ans, avec dévotion, la Fête de votre saint Patron : préparez-vous-y dès la veille par quelques bonnes œuvres, et surtout par la confession. Entendez la Messe, et communiez en action de grâces de ce que Dieu l'a mis au nombre de ses Saints, et de ce qu'il vous l'a donné pour patron. Invoquez-le plus affectueusement que les autres jours.

Prenez ce jour pour remercier Dieu de vous avoir créé à son image, et fait naître enfant de l'Église. (Ce qu'il serait bon aussi de faire à l'anniversaire de votre Baptême.) Récitez le *Te Deum*. Renouvelez, après la communion, les promesses que vous fîtes alors par la bouche de ceux qui répondirent pour vous, et dites le *Credo* et l'*Oraison universelle*. Visitez N. S. sur le soir. Repassez en sa présence, dans votre esprit, les grâces qu'il vous a faites depuis votre naissance, et gémissez de l'ingratitude dont vous les avez payées. Dites encore le *Miserere*. Pleurez surtout certains péchés. Cherchez les moyens de les éviter, et formez la résolution de vivre désormais plus chrétiennement.

PRIÈRE.

Grand Saint (ou grande Sainte), dont j'ai le bonheur de porter le nom, vous à qui Dieu a confié le soin de mon salut, lorsque, par le saint Baptême, il m'a adopté pour un de ses enfants, obtenez-moi par votre intercession, que je mène une vie conforme à l'esprit du christianisme. Aidez-moi, charitable protecteur de mon âme, à recouvrer la grâce du Baptême, que j'ai perdue par le péché. Faites, par vos prières auprès de Dieu, qu'il m'accorde la grâce d'imiter fidèlement vos vertus. Protégez-moi dans le cours de cette dangereuse vie, et ne m'abandonnez pas à l'heure de la mort. Ainsi soit-il.

POUR DEMANDER UNE BONNE MORT.

Notre salut dépend singulièrement d'une bonne mort ; et notre grande affaire est de prendre si bien nos mesures pour ce redoutable passage, que nous ne nous exposions point à y faire une faute irréparable. On est toujours en danger d'y réussir mal, quand pendant la vie on néglige de s'y préparer.

C'est donc une très-sainte et très-utile pratique, que de dérober tous les mois un jour entier, ou du moins une matinée, aux autres affaires, pour ne penser qu'à celle-ci. On trouvera aisément ailleurs des prières et des réflexions propres à s'occuper pendant ce temps ; voici néanmoins quelques pratiques qui pourront vous servir.

Dès le matin du jour que vous aurez choisi dans le mois pour votre préparation à la mort, imaginez-vous qu'un Ange vient vous dire, comme le Prophète à Ézéchias : *Mettez ordre à vos affaires, car vous mourrez demain.* Occupez-vous de cette pensée en vous habillant. Faites votre prière du matin avec autant de ferveur que si elle devait être la dernière de votre vie. À genoux devant un Crucifix, ou à l'église, offrez-vous à Dieu, et priez-le de vous aider à bien faire l'action que vous voulez faire. Faites ensuite les réflexions suivantes :

Je suis encore en vie, et bientôt je n'y serai plus ; je mourrai comme tel et tel que j'ai connus. Que penserai-je alors des biens, des honneurs et des plaisirs de la vie ? Quels sentiments aurai-je alors de la vertu ? Suis-je prêt à paraître devant Dieu ? En quel état est ma conscience ? Rien ne m'empêche-t-il d'aimer Dieu, et de mourir dans son amour ? N'y a-t-il point quelque liaison dangereuse pour moi, ou quelque aversion secrète dans mon cœur ? Mes mains sont-elles entièrement nettes du bien d'autrui ? Ai-je de l'ordre dans mes affaires, et suis-je en état, s'il fallait partir, de ne m'occuper que de mon éternité ? Répondez à toutes ces interrogations, et formez des résolutions salutaires sur tous ces points. Prononcez lentement la prose *Dies iræ*, et quelques endroits de l'office des Morts confessez-vous comme pour la dernière fois, et communiez en forme de Viatique.

Visitez l'après-dînée trois Églises. Dans la première, vous supplierez la très-sainte Trinité de vous mettre dans les dispositions qui vous sont nécessaires pour bien mourir, dispositions de foi, de confiance, d'amour, de résignation. Dans la seconde, vous vous adresserez à Jésus crucifié ; et vous le conjurerez de former votre mort sur le modèle de la sienne. Dans la troisième, vous irez à la Sainte Vierge comme à votre bonne Mère et votre puissante Avocate, et vous la prierez de vous assister dans ce dernier moment. Vous y implorerez aussi la protection de saint Michel, des saints Anges, de saint Joseph, de tous les Saints. Cet exercice se peut faire dans la même église, ou au logis ; mais en le finissant, il faut prévoir ce qui vous ferait plus de peine à l'heure de la mort, et travailler avec application tout le mois suivant à y remédier.

PRIÈRE.

Prosterné devant le trône de votre adorable Majesté, je viens vous demander, ô mon Dieu, la dernière de toutes les grâces, la grâce d'une bonne mort. Quelque mauvais usage que j'aie fait de la vie que vous m'aviez donnée, accordez-moi de la bien finir, et de mourir dans votre amour. Pardonnez-moi, ô mon Dieu, tout le mal que j'ai fait, et ayez pour agréable le peu de bien que vous m'avez aidé à faire. Pardonnez-moi, car je me repens de mes fautes, et je les déteste par le seul motif de votre infinie bonté. Pardonnez-moi, car je pardonne de tout mon cœur à ceux qui ont pu m'offenser.

Je crois, mon Dieu, tout ce que vous avez révélé à votre Église. J'espère, en vous, fondé sur vos promesses et sur vos mérites infinis, divin Sauveur, vous qui ne voulez pas que je périsse, et qui êtes mort pour moi. Je vous aime, ô mon Dieu, de toute l'étendue de mon âme, et de toutes les affections de mon cœur.

Je vous adore avec une humble soumission. Je vous remercie de toutes les grâces que vous m'avez faites en cette vie, et surtout de ce que vous me donnez le moyen de me préparer à la mort.

Je l'accepte en esprit de pénitence en union de celle de mon Sauveur, et par obéissance à vos adorables volontés. Père saint, ayez pitié de moi, faites-moi miséricorde, je remets mon âme entre vos mains. Jésus, soyez-moi Jésus, maintenant et à l'heure de ma mort.

Sainte Marie, Mère de miséricorde, montrez dans ce dernier moment de ma vie, que vous me regardez comme un de vos enfants ; intercédez pour moi.

Heureux saint Joseph, qui êtes mort entre les bras de Jésus et de Marie, obtenez-moi de mourir en prédestiné.

Ange du Ciel, fidèle gardien de mon âme, grands Saints que Dieu m'a donnés pour protecteurs pendant ma vie, ne m'abandonnez pas à l'heure de ma mort. Ainsi soit-il.

Cette prière pourrait être récitée auprès d'un malade qui toucherait à ses derniers instants, afin de ranimer sa confiance et de réveiller en lui les sentiments dans lesquels il doit mourir.

POUR DEMANDER LA VICTOIRE DE SES PASSIONS.

Toute la vie de l'homme est une guerre continuelle. Nous ne devons pas cesser un moment de nous faire violence, et d'attaquer nos passions. Si nous ne travaillons à les dompter, elles nous ôteront infailliblement le repos de cette vie, et nous feront perdre le bonheur de l'autre. Concevez donc de quelle importance il est pour vous de connaître vos mauvaises inclinations, et de les combattre. Saint Ignace, dans le livre admirable de ses exercices spirituels, prescrit l'ordre de ce combat, et donne en même temps un moyen efficace pour se défaire de ses habitudes les plus invétérées. Est-ce de la colère et de l'impatience, par exemple, à laquelle vous vous sentez sujet, dont vous voulez vous corriger ? (Et ce sera de même de l'orgueil, de la médisance, de l'impureté, etc.)

1. Promettez sincèrement à Dieu, dès le matin, d'éviter de toutes vos forces l'impatience ; prévoyez ce qui pourrait vous être une occasion de chute, et demandez instamment la grâce de n'y pas tomber.

2. Veillez soigneusement sur vous-même, particulièrement dans le danger, et recourez à Dieu par la prière.

3. Quand vous aurez eu le malheur de succomber, témoignez-en votre douleur sur-le-champ ; punissez-vous-en ; et sans vous décourager, réparez votre faute par un acte de la vertu contraire, comme serait de faire paraître de la douceur un moment après.

4. Examinez-vous vers le milieu du jour et le soir, du moins le soir. Considérez combien de fois vous êtes encore retombé ; recherchez-en la cause ; demandez-en humblement pardon à Dieu : imposez-vous une pénitence : formez de nouvelles résolutions, et persévérez avec courage dans cette guerre nécessaire, persuadé que Dieu bénira enfin la violence que vous vous faites pour lui plaire. Par cet exercice, continué près de vingt ans, saint François de Sales, qui était naturellement vif et emporté, devint le plus doux des hommes.

Ce moyen peut non-seulement servir pour détruire les vices, mais encore pour acquérir les vertus : comme la pureté, la patience, l'humilité, le détachement du monde, la charité, etc.

PRIÈRE.

Dieu saint, Père des miséricordes, qui ne m'avez créé que pour vous servir dans la liberté de vos enfants, ne permettez pas que je sois plus longtemps assujetti aux lois honteuses de mes passions criminelles.

Aidez-moi, mon Dieu, à sortir de l'esclavage où elles m'ont réduit ; soutenez-moi dans les combats qu'il faut que je livre à cet effet contre moi-même.

Vous connaissez, Seigneur, et ma faiblesse et la force des ennemis qui me dominent. Témoin de mes misères vous les voyez à tout moment ; la colère m'emporte, l'orgueil m'enfle, le ressentiment m'aigrit, l'impureté m'expose, une humeur chagrine me rend insupportable, la paresse me fait négliger mes devoirs, l'amour-propre se glisse dans le peu de bien que je veux faire, et enlève la meilleure part de ce que je vous destine. Quelle contrainte, ô mon Dieu ! quelle servitude pour une âme qui, malgré tout cela, veut vous aimer, et qui voudrait, ce semble, être parfaitement à vous.

Mais je désavoue et je déteste de tout mon cœur tous ces dérèglements. Je suis fâché de m'y être si souvent livré : j'en ai une véritable douleur, parce qu'ils vous déplaisent, et que c'est vous, bonté infinie, que j'ai offensée toutes les fois que je m'y suis laissé aller. Oui, c'en est fait, quoi qu'il m'en puisse coûter, désormais je ne veux plus écouter de si dangereuses suggestions. Je veux éviter le péché et résister à mes passions, funeste source de tous mes péchés. C'est en votre nom, Dieu tout-puissant, que je prendrai les armes pour combattre des ennemis, que tant d'autres, avec le secours de votre grâce, ont si heureusement vaincus. C'est aussi en votre nom que j'espère de remporter la victoire ; par J. C. N. S, qui vit et règne dans les siècles des siècles.

PRIÈRE POUR DEMANDER LA PURETÉ DE L'ÂME ET DU CORPS.

Seigneur, Dieu tout-puissant, qui avez créé mon âme à votre ressemblance, ne souffrez pas que je souille jamais votre image. Vous menacez de perdre celui qui profanerait votre saint temple. Mon corps, Seigneur, est ce temple sacré où le Saint-Esprit réside par sa grâce, et que J. C. a sanctifié tant de fois par sa présence dans la sainte communion. Ne souffrez donc, ô mon Dieu, dans ce temple, aucune de ces abominations, que vous détestez avec tant d'horreur ; ne permettez pas que rien ternisse la pureté de mon âme et de mon corps.

Je sais qu'il faut une grâce particulière, pour cette précieuse vertu : c'est pour cela que j'ai recours à vous, Ô le Dieu de tant de Vierges ! Combien qui, par votre grâce, ont vécu sur la terre comme les Anges vivent dans le ciel ! ils étaient faibles comme moi, ainsi ma faiblesse ne me décourage point. Si vous daignez, ô Dieu de force, me soutenir aussi bien qu'eux, je puis tout, aussi bien qu'eux, en celui qui me fortifie.

Donnez-moi donc, ô mon Dieu, la grâce de veiller avec tant de soin sur moi-même, et de prier avec tant de ferveur, que le tentateur, cet ennemi de votre gloire et de mon salut, n'ait jamais aucun avantage sur moi. Faites que je règle si bien mon imagination, que je garde si bien tous mes sens, que je m'éloigne si courageusement de toutes les occasions, que je vive dans une si grande horreur de tout ce qui peut me souiller, et dans une tendresse de conscience si exacte, que rien ne puisse jamais altérer en moi une si excellente et si délicate vertu.

PRIÈRE POUR DEMANDER LA PATIENCE.

Mon Dieu, mon unique refuge, et toute ma consolation dans les peines dont ma vie est chaque jour traversée, soutenez-moi du secours puissant de votre grâce, car je tombe : ma faiblesse et mon impatience m'entraînent. Quoique je sache qu'il vaut mieux souffrir sur la terre que d'y être dans la joie ; qu'il faut souffrir pour expier les fautes passées, pour mériter le ciel, pour être semblable à vous, mon divin Sauveur, dont la vie n'a été que croix et que douleurs ; quoique je sois persuadé que l'impatience et le dépit ne font qu'aigrir mes peines, au lieu de les adoucir ; que par-là je perds le fruit de mes maux, la dévotion dans mes prières, la paix avec tout le monde, avec moi-même : cependant si vous ne me soutenez, Dieu de force, je me livre avec éclat à tous mes ressentiments, je m'abandonne à ma mauvaise humeur, à des indécences pitoyables, à des dégoûts qui m'abattent, qui empoisonnent tout, et qui me désolent.

Mon Dieu, envoyez-moi dans ces tristes moments votre Ange consolateur, ou plutôt soyez vous-même mon consolateur. Soutenez-moi par la considération des joies durables qui doivent suivre ces courtes peines. Animez-moi à souffrir comme ces grands saints qui ont signalé leur patience dans les opprobres, dans les tourments du corps, dans les peines de l'esprit, dans les persécutions, dans la pauvreté et l'abandonnement de tout le monde. Ils ont eu plus à souffrir que moi : leurs peines sont finies, les miennes passeront. Vous fûtes leur force, Jésus crucifié, soyez la mienne : je ne refuse pas de souffrir ; je veux souffrir, souffrir pour vous, et, s'il se peut, avec la même résignation que vous. Je m'abandonne donc à vous, ô mon Dieu, dans l'espérance qu'après m'avoir aidé à porter ma croix un peu de temps sur la terre, vous m'accorderez un éternel repos dans le ciel. Ainsi soit-il.

ORAISON UNIVERSELLE POUR TOUT CE QUI REGARDE LE SALUT.

Mon Dieu, je crois en vous, mais fortifiez ma foi ; j'espère en vous, mais assurez mon espérance ; je vous aime, mais redoublez mon amour ; je me repens d'avoir péché, mais augmentez mon repentir.

Je vous adore comme mon premier principe, je vous désire comme ma dernière fin, je vous remercie comme mon bienfaiteur perpétuel, je vous invoque comme mon souverain défenseur.

Mon Dieu, daignez me régler par votre sagesse, me contenir par votre justice, me consoler par votre miséricorde, et me protéger par votre puissance.

Je vous consacre mes pensées, mes paroles, mes actions, mes souffrances, afin que désormais je ne pense qu'à vous, je ne parle que de vous, je n'agisse que selon vous, et ne souffre que pour vous.

Seigneur, je veux ce que vous voulez, parce que vous le voulez, comme vous le voulez, et autant que vous le voulez.

Je vous prie d'éclairer mon entendement, d'embraser ma volonté, de purifier mon corps et de sanctifier mon âme.

Mon Dieu, aidez-moi à expier mes offenses passées, à surmonter mes tentations à l'avenir, à corriger les passions qui me dominent et à pratiquer les vertus qui me conviennent.

Remplissez mon cœur de tendresse pour vos bontés, d'aversion pour mes défauts, de zèle pour mon prochain, et de mépris pour le monde.

Qu'il me souvienne, Seigneur, d'être soumis à mes supérieurs, charitable à mes inférieurs, fidèle à mes amis, et indulgent à mes ennemis.

Venez à mon secours pour vaincre la volupté par la mortification, l'avarice, par l'aumône, la colère par la douceur, et la tiédeur par la dévotion.

Mon Dieu, rendez-moi prudent dans les entreprises, courageux dans les dangers, patient dans les traverses et humble dans les succès.

Ne me laissez jamais oublier de joindre l'attention à mes prières, la tempérance à mes repas, l'exactitude à mes emplois, et la constance à mes résolutions.

Seigneur, inspirez-moi le soin d'avoir toujours une conscience droite, un extérieur modeste, une conversation édifiante et une conduite régulière.

Que je m'applique sans cesse à dompter la nature, à seconder la grâce, à garder la loi et à mériter le salut.

Mon Dieu, découvrez-moi quelle est la petitesse de la terre, la grandeur du ciel, la brièveté du temps, et la longueur de l'éternité.

Faites que je me prépare à la mort, que je craigne votre jugement, que j'évite l'enfer, et que j'obtienne enfin le paradis, par J. C. N. S. Ainsi soit-il.

POUR LES ÂMES DU PURGATOIRE.

Messes, prières, jeunes, aumônes, pénitences, communions, indulgences, bonnes œuvres ; tout cela appliqué aux âmes du purgatoire, peut servir à les soulager et à hâter leur délivrance. Ne soyez pas assez insensible ni assez ennemi de vous-même pour les oublier dans un besoin où vous pourrez vous trouver un jour. Mettez-vous en leur place, prêtez-leur votre voix, et priez avec la ferveur qu'elles auraient elles-mêmes si elles pouvaient, comme vous, s'aider de leurs propres prières.

PRIÈRE.

Ô Dieu de toute consolation, auteur du salut des âmes ! ayez pitié de celles qui souffrent dans le purgatoire, et accordez-leur, avec la délivrance entière de leurs peines, le bonheur que vous avez autrefois promis à votre serviteur Abraham et à sa postérité. Laissez-vous toucher, Seigneur, par la considération de la fidélité qu'elles ont eue à vous servir pendant leur vie, et oubliez les fautes que la fragilité de notre nature leur a fait quelquefois commettre ; tirez-les de ce lieu de supplice et de ténèbres pour les mettre dans le lieu de repos et de lumière. Écoutez, ô mon Dieu, l'humble prière que je vous en fais, et accordez cette grâce à celles pour lesquelles je dois particulièrement prier. Je vous en conjure par le nom et les mérites de celui qui s'est chargé de satisfaire pour nous tous, et qui vit et règne avec vous dans les siècles des siècles. Ainsi soit-il.

PRATIQUE DE DÉVOTION POUR TOUS LES JOURS DE LA SEMAINE

LE DIMANCHE. À LA TRÉS-SAINTE TRINITÉ.

Une sainte et ancienne pratique de piété parmi les fidèles, a consacré chaque jour de la semaine à quelque dévotion particulière. Conformément à cet esprit, on donne ici une prière pour chacun de ces jours ; mais c'est moins dans cette prière, que dans la pratique de dévotion qu'on y joint, que consiste le culte du Mystère ou du Saint que nous voulons honorer.

Le Dimanche, qui est spécialement le jour du Seigneur, est bien choisi pour rendre plus particulièrement nos hommages à la Très-Sainte Trinité, et pour remercier les trois adorables Personnes des bienfaits inestimables que nous en avons reçus. Ce serait une irréligion de faire de ce jour un jour de divertissement ou d'affaires temporelles. Sanctifiez-le, aussi bien que les Fêtes, en assistant aux offices divins, et autant qu'il se peut à la paroisse ; en entendant les sermons ; en visitant les églises ; en lisant quelques bons livres, et en vous occupant d'autres exercices de piété, surtout en faisant de salutaires réflexions sur l'importante affaire de votre salut.

Prière à la Très-Sainte Trinité.

Gloire au Père, qui, par sa puissance m'a tiré du néant, et créé à son image ; gloire au Fils, qui, par sa sagesse, m'a délivré de l'enfer, et ouvert la porte du Ciel ; gloire au Saint-Esprit, qui, par sa miséricorde, m'a sanctifié dans le baptême, et qui opère encore incessamment ma sanctification, par les grâces que je reçois tous les jours de sa bonté. Gloire aux trois honorables Personnes de la Très-Sainte Trinité, aussi grande qu'elle était au commencement, maintenant et toujours, dans les siècles des siècles. Nous vous adorons, Trinité sainte, nous vous révérons, nous vous remercions avec un humble sentiment de reconnaissance, de ce qu'il vous a plu nous révéler ce glorieux et incompréhensible mystère, et nous vous supplions de nous accorder, qu'en persévérant jusqu'à la mort dans la profession de cette croyance, nous puissions voir et glorifier éternellement dans le Ciel, ce que nous croyons ici-bas, un Dieu en trois personnes, le Père, le Fils et le Saint-Esprit.

LE LUNDI. AU SAINT-ESPRIT.

Quoique les trois adorables Personnes de la sainte Trinité concourent unanimement à la sanctification de nos âmes, on attribue néanmoins spécialement au Saint-Esprit notre régénération spirituelle et toutes les grâces que nous recevons du Ciel, parce que ces faveurs étant un effet de l'amour de Dieu envers nous, on en reconnaît pour auteur celui qui est l'amour du Père et du Fils.

Il n'est pas croyable combien ce divin Esprit produit dans les âmes qui ne mettent point obstacle à ses opérations. Quelle abondance de lumières et de force ne nous communiquerait-il pas par les sept dons, les fruits et les béatitudes qui lui sont propres, si, dociles à ses inspirations, nous l'écoutions avec plus de fidélité !

Laissons-nous donc conduire par un guide si sage et si bienfaisant. Étudions continuellement les mouvements de notre cœur ; suivons ceux que l'Esprit divin y produit, et qui seuls peuvent vaincre les inclinations que la nature corrompue y fait naître. Ne craignons rien tant que de lui résister. Conservons sa grâce ; ou si nous avons le malheur de la perdre par le péché, recourons au sacrement qui la fait recouvrer, et veillons avec plus d'attention sur nous-mêmes.

Prière au Saint-Esprit.

Auteur de la sanctification de nos âmes, esprit d'amour et de vérité, je vous adore comme le principe de mon bonheur éternel : je vous remercie comme le souverain dispensateur des biens que je reçois d'en-haut ; et je vous invoque comme la source des lumières et de la force qui me sont nécessaires pour connaître le bien et pour le pratiquer. Esprit de lumière et de force, éclairez donc mon entendement ; fortifiez ma volonté ; purifiez mon cœur, réglez-en tous les mouvements, et me rendez docile à toutes vos inspirations.

Pardonnez-moi, Esprit de grâce et de miséricorde ! pardonnez-moi mes infidélités continuelles et l'indigne aveuglement avec lequel je me suis si souvent refusé aux plus douces et aux plus touchantes impulsions de votre grâce. Je veux enfin, avec le secours de cette même grâce, cesser de lui être rebelle, et en suivre désormais les mouvements avec tant de docilité, que je puisse goûter les fruits et jouir des béatitudes que produisent vos sacrés dons dans les âmes. Ainsi soit-il.

LE MARDI. AU SAINT ANGE GARDIEN.

Nous devons avoir pour nos saints Anges de grands sentiments de respect, de reconnaissance, d'amour et de confiance, tels qu'exigent leur dignité, les bons offices que nous en recevons, et l'inclination qu'ils ont pour nous ; les invoquer sans cesse, les consulter dans tout ce que nous entreprenons ; nous adresser aux Anges de ceux avec lesquels nous avons quelqu'affaire à traiter, les employer auprès de Dieu pour nous, et surtout être infiniment dociles à leurs salutaires inspirations.

Prière au saint Ange Gardien.

Ô Saint Ange, que Dieu, par un effet de sa bonté pour moi, a chargé du soin de ma conduite, vous qui m'assistez dans mes afflictions, qui me soutenez dans mes découragements, et qui m'obtenez sans cesse de nouvelles faveurs ; je vous rends de très-humbles actions de grâces, et je vous conjure, aimable protecteur, de me continuer vos charitables soins ; de me défendre contre tous mes ennemis ; d'éloigner de moi les occasions du péché ; de m'obtenir que je sois docile à écouter vos inspirations, et fidèle à les suivre ; de me protéger à l'heure de ma mort, et de ne me point quitter que vous ne m'ayez conduit au séjour du repos éternel. Ainsi soit-il.

LE MERCREDI. À SAINT JOSEPH.

Les glorieuses fonctions dont Dieu a honoré saint Joseph, et les rares exemples d'humilité, de sagesse, de patience, de fidélité, d'obéissance et de soumission, qu'il nous a donnés, doivent nous inspirer une haute idée de sa sainteté, et une grande dévotion pour lui. Honorez-le surtout par l'imitation fidèle de ses excellentes vertus ; recourez à lui avec confiance ; inspirez cette confiance aux autres. Sainte Thérèse assure qu'elle n'a jamais rien demandé en son nom, qu'elle ne l'ait obtenu.

Prière à saint Joseph.

Grand Saint, qui êtes ce serviteur sage et fidèle à qui Dieu a confié le soin de sa famille ; vous qu'il a établi le conservateur et le protecteur de la vie de Jésus-Christ, le consolateur et l'appui de sa sainte Mère, et le coopérateur fidèle au grand dessein de la rédemption du monde ; vous qui avez eu le bonheur de vivre avec Jésus et Marie, et de mourir entre leurs bras ; chaste Époux de la mère de Dieu, modèle et patron des âmes pures, humbles, patientes et intérieures, soyez touché de la confiance que nous avons en vous, et recevez avec bonté les témoignages de notre dévotion.

Nous remercions Dieu des faveurs singulières dont il lui a plu de vous combler, et nous le conjurons, par votre intercession, de nous rendre imitateurs de vos vertus. Priez donc pour nous, grand Saint, et par cet amour que vous avez eu pour Jésus et Marie, et que Jésus et Marie ont eu pour vous, obtenez-nous le bonheur incomparable de vivre et de mourir dans l'amour de Jésus et de Marie. Ainsi soit-il.

LE JEUDI. AU TRÈS-SAINT SACREMENT.

Pour répondre à l'amour que J. C. nous témoigne dans ce Sacrement, unissons-nous à lui par de saintes et fréquentes communions ; présentons-lui souvent nos hommages, du moins ne laissons passer aucun jeudi sans nous acquitter de ce consolant devoir. Allons à lui, tantôt comme les Pasteurs et les Rois, pour l'adorer, tantôt comme les Apôtres et les Disciples pour l'entendre et recevoir ses instructions, tantôt comme Madeleine, pour pleurer nos péchés, ou pour contempler ses admirables perfections. Présentons-nous devant lui comme les malades de l'Évangile, pour être guéris de nos infirmités spirituelles, ou comme les pauvres, pour lui présenter nos besoins, et pour lui demander dans nos inquiétudes, dans nos doutes et dans nos peines, les consolations et les grâces qui nous sont nécessaires ; mais tenons-nous toujours devant lui avec la modestie, le recueillement, le respect, la crainte, l'amour, la gratitude et la confiance que doit inspirer la présence réelle de cet adorable Sauveur.

Prière devant le très-saint Sacrement.

Doux Jésus, aimable Sauveur, qui par l'excès du plus prodigieux amour, avez voulu demeurer avec nous dans le Sacrement de l'Autel, je vous y reconnais pour mon souverain Seigneur et mon Dieu. Je vous y adore avec les sentiments de l'humilité la plus profonde. Je vous remercie de tout mon cœur de la tendresse infinie que vous nous témoignez, malgré les mauvais traitements que vous y recevez de nous ; et pénétré de douleur à la vue de nos ingratitudes, je viens, ô Dieu de majesté, vous faire amende honorable pour toutes les profanations, les sacrilèges et les impiétés qui se sont jamais commis, et qui se pourront commettre contre cet adorable Sacrement. Que ne puis-je, ô mon Dieu, vous témoigner la douleur que je ressens, d'avoir moi-même paru devant vous avec tant d'irrévérence, et de m'être approché de vous avec si peu d'amour et de ferveur.

Oubliez, Seigneur, nos iniquités, pour ne vous ressouvenir que de vos miséricordes. Agréez le désir sincère que j'ai de vous honorer et de vous voir honoré dans le sacrement de votre amour. Oui, je souhaite de tout mon cœur de vous y aimer, bénir, louer et adorer autant que les Saints et les Anges vous aiment, vous y bénissent et vous y adorent ; et je vous conjure par ce corps adorable, et ce sang précieux devant lesquels je me prosterne, que désormais je vous y adore si respectueusement, et vous y reçoive si dignement, qu'après ma mort je puisse, avec tous les bienheureux, vous glorifier éternellement.

Ainsi soit-il.

LE VENDREDI. À JÉSUS SOUFFRANT.

Non content d'éviter avec soin ce qui renouvellerait les douleurs de la passion de Noire-Seigneur, honorez-la par tous les exercices qu'une dévotion tendre peut vous inspirer. Le saint sacrifice de la Messe offert dans cette intention, de ferventes communions, des prières réglées devant un Crucifix, de fréquentes réflexions sur les douleurs du Sauveur, quelques pénitences volontaires, comme de jeûner les vendredis ; une patience persévérante à porter votre croix comme lui et avec lui, c'est-à-dire, dans les mêmes intentions que lui ; ce sont autant de saintes pratiques par lesquelles vous pouvez lui marquer votre amour, et vous appliquer les fruits de sa passion.

Prière à Jésus souffrant.

Ô Agneau sans tache, victime innocente, qui, par votre mort et votre sang, avez effacé les péchés des hommes, effacez les miens, et ne permettez pas que tant de souffrances me deviennent inutiles. Jésus, abandonné de tout le monde, triste, désolé, agonisant, résigné à la mort, aidez-moi à recevoir avec une résignation pareille à la vôtre, toutes les afflictions qu'il vous plaira m'envoyer. Jésus accusé, calomnié, outragé avec le dernier mépris, apprenez-moi à mépriser les jugements des hommes, et à souffrir patiemment les plus noires calomnies. Jésus déchiré de coups, percé d'épines, et couvert de sang pour l'amour de moi, apprenez-moi à endurer pour l'amour de vous les incommodités et les douleurs de la maladie. Jésus livré aux bourreaux, et condamné au honteux supplice de la croix, faites-moi la grâce de fuir la gloire, et d'aimer les plus humiliantes confusions. Jésus accablé du pesant fardeau de la Croix, je me joins à vous, et ma croix à la vôtre, faites-moi la grâce de la porter avec la même force et la même douceur que vous. Jésus élevé en croix, attirez-moi à vous. Vous expirez pour moi ; faites que je ne vive plus que pour vous, et que désormais crucifié avec vous, je ne sois occupé qu'à vous aimer et à vous plaire. Ainsi soit-il.

LE SAMEDI. À LA SAINTE VIERGE.

L'éminente sainteté de Marie, sa dignité de Mère de Dieu, la gloire dont elle jouit, le pouvoir qu'elle a reçu sur la terre et dans le Ciel, la tendresse qu'elle a pour les hommes, surtout pour ceux qui se sont engagés à son service, c'est ce qui a inspiré à tous les Saints une vive et affectueuse dévotion pour elle. Imitez-les : soyez-lui dévot. La dévotion à la Sainte Vierge, dit saint Bernard, est une marque de prédestination. La meilleure dévotion qu'on puisse pratiquer à son égard, et la plus recommandée par les Saints, c'est d'imiter ses excellentes vertus, particulièrement son amour pour la pureté, son humilité et sa patience héroïque dans les grandes afflictions dont presque toute sa vie a été traversée.

Célébrez ses Fêtes en vous y préparant dès la veille, et en communiant le jour à son honneur. Honorez ses images, récitez quelquefois son office, et le Rosaire : adressez-lui souvent la belle prière de l'Ange, et avec les sentiments de l'Ange, grande attention, profond respect, douce confiance. Recourez fréquemment à elle, surtout dans vos besoins, mais n'omettez rien pour vous ménager toute son assistance dans le plus grand de tous vos besoins, à l'heure de votre mort.

Prière à la Sainte Vierge.

Très-Sainte Vierge, Mère de mon Dieu, et par cette auguste qualité, digne des plus profonds respects des Anges et des hommes, je viens vous rendre mes humbles hommages, et implorer le secours de votre protection. Vous êtes toute-puissante auprès du Tout-puissant, et votre bonté pour les hommes égale le pouvoir que vous avez : dans le Ciel.

Vous le savez, Vierge sainte, dès ma plus tendre jeunesse, je vous ai regardée comme ma mère, mon avocate et ma patronne. Vous avez bien voulu dès-lors me regarder comme un de vos enfants ; et toutes les grâces que j'ai reçues de Dieu, je confesse, avec un humble sentiment de reconnaissance, que c'est par votre moyen que je les ai reçues. Que n'ai-je eu autant de fidélité à vous servir, aimable Souveraine, que vous avez eu de bonté à me secourir ! mais je veux désormais vous honorer, vous servir et vous aimer.

Recevez donc, Vierge sainte, la protestation que je fais d'être parfaitement à vous, agréez la confiance que j'ai en vous, obtenez-moi de mon Sauveur, votre cher Fils, une foi vive, une espérance ferme, un amour tendre, généreux et constant. Obtenez-moi une pureté de cœur et de corps, que rien ne puisse ternir, une humilité que rien ne puisse altérer, une patience et une soumission à la volonté de mon Dieu, que rien ne puisse troubler ; enfin, très-Sainte Vierge, obtenez-moi de vous imiter fidèlement dans la pratique de toutes les vertus, pendant ma vie, afin de mériter le secours de votre protection à l'heure de ma mort. Ainsi soit-il.

La prière suivante a toujours été d'un secours admirable à ceux qui s'en sont servis dans les tentations contraires à la pureté.

Fer sanctissimam Virginitatem et immaculatam Conceptionem, purissima Virgo, emunda cor meum et carnem meam. In nomine Patris, et Filii, et Spiritus sancti. Amen.

RÈGLEMENT DE VIE

TIRÉ DE LA CONDUITE CHRÉTIENNE DU P. NEVEU, JÉSUITE.

I. NÉCESSITÉ D'UN RÈGLEMENT.

Ce n'est pas assez de faire le bien, il le faut bien faire, c'est-à-dire le faire avec ordre. C'est le moyen de remplir ses obligations avec plus de facilité, plus de perfection, plus de mérite, plus de constance. Vous n'avez donc rien de plus important, que de consulter Dieu et un directeur éclairé, pour régler vos actions, l'heure de vos actions, le temps que vous y voulez donner, la méthode que vous devez garder en les faisant, et l'esprit intérieur dont il faut les animer.

II. LE LEVER ET LA PRIÈRE DU MATIN.

Ayez l'heure de votre lever tellement réglée, que rien, autant qu'il est possible, ne soit capable de la déranger. Élevez votre esprit à Dieu. Priez en vous habillant. Dites ensuite vos prières ordinaires, sans jamais y manquer ; et prévoyez les occasions que vous pourrez avoir d'offenser Dieu pendant le jour, afin de vous tenir sur vos gardes pour les éviter. Voyez ci-devant.

III. LA SAINTE MESSE.

Assistez tous les jours à la sainte messe, et assistez-y de la manière que demandent, et la sainteté de l'action, et vos propres intérêts, c'est-à-dire avec les dispositions nécessaires pour honorer les saints mystères, et en tirer tout le profit que vous pouvez en tirer. Choisissez les prières que vous y devez dire. Les meilleures sont celles qui nous unissent d'intention avec le prêtre, ou plutôt avec J. C., qui est le prêtre invisible. Voyez plus haut.

IV. LA MÉDITATION.

Donnez, s'il se peut, une demi-heure, ou un quart d'heure à la méditation ou réflexion sur une vérité du christianisme. Instruisez-vous de la manière dont vous devez vous acquitter de cet exercice. Si vous en comprenez l'importance, vous trouverez toujours du temps pour le faire, et pour peu que vous le fassiez, vous apprendrez bientôt à le faire aisément.

V. LE TRAVAIL.

Dans quelque rang et dans quelque condition que vous soyez, aimez le travail : prenez-le en esprit de pénitence, et pour vous soumettre à l'arrêt de la justice de Dieu, qui a condamné l'homme au travail dès qu'il est devenu pécheur. Unissez-le d'intention avec celui de J. C. C'est le moyen de réparer des années malheureusement employées au luxe et à la vanité, que de travailler pour vêtir les pauvres, ou pour orner les autels.

VI. LE REPAS.

Sanctifiez cette action, en la rapportant à la gloire de Dieu. Buvez et mangez pour réparer vos forces, et mieux remplir vos devoirs. Faites devant et après une courte prière. Évitez l'intempérance, la sensualité et l'avidité. Abstenez-vous, par un esprit de mortification, de ce qui n'est propre qu'à satisfaire le goût. Pensez quelquefois aux jeunes rigoureux des Saints, au fiel et au vinaigre qui furent présentés à Notre-Seigneur sur la croix.

VII. LA LECTURE SPIRITUELLE.

Donnez chaque jour quelque temps à la lecture d'un bon livre. Lisez en la présence de Dieu, qui vous parle lui-même. Pénétrez-vous de ce que vous lisez, goûtez-le, appliquez-le-vous ; demandez à Dieu les grâces d'exécuter les bons désirs qu'il vous inspire par cette lecture. Une lecture faite de la sorte, est une espèce de méditation aisée, et tient lieu de sermon, quand on ne peut pas y assister.

VIII. LA VISITE DU SAINT-SACREMENT.

À moins que des occupations pressantes, ou la soumission que vous devez aux personnes dont vous dépendez ne vous en empêchent, vous ne pouvez vous dispenser d'aller à quelque heure de l'après-dîner rendre ce devoir à Noire-Seigneur. Pour faire cette visite avec plus de fruit, vous pourrez vous servir en divers temps, de diverses considérations capables d'inspirer une ferveur nouvelle. Voyez précédemment.

IX. RECUEILLEMENT EN LA PRÉSENCE DE DIEU.

Ayez une attention fréquente dans toutes vos occupations, premièrement à Dieu, afin de lui en rapporter la gloire, de le consulter, de n'agir que selon ses lumières et de vous appuyer sur les secours de sa sainte grâce. Secondement à vous-même, pour observer les retours continuels de l'amour-propre, qui se glisse imperceptiblement dans les meilleures actions. Élevez votre cœur à Dieu au commencement de chaque action : offrez-la-lui : renouvelez votre intention au son de l'horloge. Faites-vous un usage fréquent et familier des oraisons qu'on nomme Jaculatoires : *Seigneur, j'espère en vous, Seigneur, ayez pitié de moi. Mon Dieu, je vous aime de tout mon cœur. Pardonnez-moi, mon Dieu, la faute que je viens de commettre, etc.*

X. L'ESPRIT DE MORTIFICATION.

La vie du chrétien doit être un exercice continuel de pénitence. Mortifiez-vous dans les choses communes et ordinaires ; rien n'est plus nécessaire pour établir l'empire de la grâce dans l'âme, et détruire celui de la nature. En voici quelques pratiques.

Renoncer à l'inclination que l'on aurait de faire une chose inutile. Garder soigneusement sa vue. Réprimer la curiosité d'apprendre certaines nouvelles. Retenir une raillerie, un bon mot, qui serait contraire à la charité, ou qui contenterait l'amour-propre. Ne point chercher ce qui flatte la sensualité. Régler les plaisirs innocents. S'abstenir quelquefois, par esprit de pénitence, des plaisirs les plus permis. Modérer la tendresse excessive que nous avons pour nous-mêmes. Dégager son esprit du sentiment du plaisir. Parler peu, et le faire sans chaleur. Avoir des manières honnêtes à l'égard des personnes pour qui l'on se sent de l'antipathie. Garder le silence dans les croix, les porter avec résignation.

XI. PRIÈRE DU SOIR.

Faites-la en commun : vous la rendez plus efficace auprès de Dieu : vous la faites avec plus de ferveur : et vous remplissez l'obligation que vous avez de faire acquitter de ce devoir vos domestiques et vos enfants. N'y omettez jamais l'examen général, ni l'examen particulier, si vous voulez déraciner vos mauvaises habitudes, et mettre votre salut en assurance. Instruisez-vous de la pratique de l'un et l'autre de ces examens. Couchez-vous avec de saintes pensées, et offrez à Dieu votre repos. Voyez précédemment.

XII. LA CONFESSION.

Quiconque veut avancer dans la perfection, doit se confesser tous les huit jours. Quiconque veut travailler sérieusement à son salut, doit le faire tous les mois : et si l'on ne veut pas s'exposer au danger de se perdre, on doit se confesser dès qu'on sent sa conscience chargée d'un péché mortel. Sachez bien de quelle manière il faut s'approcher de ce sacrement, et sans vous en tenir à la pénitence que le prêtre vous y donne, en voici différentes pratiques que vous pourrez faire de vous-même.

Aimer la retraite. Visiter les pauvres, les prisonniers, les malades, notre Seigneur. Prier en secret. S'assujettir à un règlement de vie. S'occuper aux œuvres de miséricorde. Faire des charités. S'interdire les spectacles, se refuser des plaisirs, d'ailleurs innocents. Jeûner, ou du moins se mortifier dans la nourriture. Retrancher dans les meubles et dans les habits ce qui sent le luxe, la vanité et la mollesse. Embrasser de bon cœur toutes les obligations pénibles et gênantes de son état. Travailler en esprit de pénitence. Se supporter soi-même, et supporter chrétiennement les chagrins et les afflictions qui arrivent. Voyez précédemment.

XIII. LA COMMUNION.

Communiez souvent. Vous le ferez utilement tous les mois, si vous n'êtes pas dans l'habitude du péché mortel, et que vous vous appliquiez à l'éviter. Vous le ferez avec fruit tous les huit jours, si vous vous conservez dans l'éloignement du péché mortel, quoique vous commettiez des péchés véniels, pourvu que vous ne demeuriez pas habituellement dans ces fautes, et que vous en ayez le cœur détaché avant que de communier. Le mariage, quand on y vit avec la pureté et le dégagement qui convient à des chrétiens, non plus que l'embarras des affaires, n'est point un obstacle à la fréquente communion. Il se peut même qu'on soit en état de communier encore plus souvent. On doit s'en rapporter à un directeur sage et éclairé. Voyez précédemment.

XIV. LE SOIN DE COMBATTRE LA PASSION DOMINANTE.

Efforcez-vous, avec le secours de la grâce, de connaître le défaut capital, ou la passion qui vous domine. Voyez où votre cœur, vos vues et vos pensées se portent plus naturellement ; ce à quoi vous avez plus de répugnance à résister en quoi vous tombez plus souvent. Les moyens de vaincre cette passion sont la présence de Dieu, la méditation, la prière, l'usage des Sacrements, l'examen, et en particulier l'exercice des actes intérieurs et extérieurs des vertus contraires à cette passion, un grand soin de prévoir les occasions ; l'examen particulier, voyez précédemment.

XV. PRÉPARATION À LA MORT.

Choisissez un jour de chaque mois, pour vous préparer à la mort, et appliquez-vous sérieusement à faire toutes vos actions, comme si ce jour-là vous deviez mourir. Confessez-vous et communiez en forme de Viatique. Examinez ce qui peut vous faire peine à la mort : bien d'autrui, doutes, réparation, réconciliation, etc. Produisez les actes qu'on inspire aux mourants, actes de résignation, d'acceptation pour l'heure, le temps et la manière que Dieu voudra ; d'action de grâces, de foi vive, d'espérance, de confiance, de contrition amère, d'amour de Dieu, etc. Vous invoquerez Jésus crucifié, la très-Sainte Vierge, votre bon Ange, votre S. Patron, et vous considérerez, en vous couchant, votre lit comme votre tombeau. Voyez précédemment.

XVI. LES DEVOIRS D'ÉTAT ET DE CONDITION.

Attachez-vous à remplir les devoirs de votre état avec zèle, et dans la vue de plaire à Dieu, qui vous y a appelé, Supportez-en les fonctions pénibles et rebutantes, en esprit de pénitence. Instruisez-vous à fond de vos obligations. Pères, mères, époux, épouses, maîtres, maîtresses, enfants, domestiques tout état a ses grandes et indispensables obligations.

XVII. L'USAGE DES RICHESSES.

Si vous êtes riche, souvenez-vous de ce que vous devez aux pauvres. Les menaces et promesses de J. C. doivent vous exciter à faire l'aumône. Dieu demanda aux Israélites la dixième partie de leurs biens ; cela peut servir de règles. Ayez égard à la grandeur de vos biens, et à la grandeur de la misère des pauvres. Vous aurez toujours de quoi satisfaire en ce point à vos obligations, si vous modérez l'attachement aux biens de la terre, si vous en réglez la dépense et si vous avez un soin raisonnable de les conserver.

XVIII. LES PLAISIRS ET LES DIVERTISSEMENTS.

Usez-en comme des remèdes. Les remèdes ne doivent point être nuisibles, ni dangereux, ni trop fréquents, ni trop continuels. Bannissez les plaisirs criminels, et modérez les plaisirs innocents. Ne vous permettez aucun jeu de pur hasard. N'employez jamais au jeu un temps considérable. Ne vous exposez pas à y faire de grosses pertes. Jouez avec modération, sans attache, et sans négliger vos devoirs. Pour le bal, l'opéra et la comédie, il n'y a point de meilleure règle à se prescrire, que de s'en interdire absolument l'usage.

XIX. LES CROIX ET LES AFFLICTIONS.

Portez vos croix comme J. C. a porté la sienne, avec patience ; elles vous viennent de Dieu, en esprit de pénitence ; quelle pénitence feriez-vous pour vos péchés passés, avec amour et avec reconnaissance ; c'est un effet de la bonté de Dieu, qu'il vous visite, et qu'il vous punisse en ce monde : en les unissant à celle de notre Seigneur ; elles tirent de cette union tout leur mérite devant Dieu. Si vous souffrez de cette sorte, outre que vous adoucissez vos peines pour cette vie, vous vous préparez des trésors de mérite et de gloire pour l'autre.

XX. LES VISITES.

Il y en a de nécessité ; sanctifiez-les par une intention pure de remplir vos devoirs, et de suivre les ordres de la Providence. Il y en a de charité, faites-les par un esprit de religion. Il y en a de bienséance ; regardez-les comme des moyens d'entretenir la société civile, et réglez-les selon les maximes de l'Évangile. Il y en a de dangereuses ; retranchez-les absolument. Il y en a de vaines et d'inutiles : vous ne vous les permettrez pas, si vous êtes persuadé que le temps est précieux, et qu'il en reste peu quand on connaît la multitude de ses devoirs, et quand on veut les remplir.

XXI. LA CONVERSATION.

Evitez-y quatre défauts : l'inutilité ; J. C. nous avertit que nous rendrons compte d'une parole oiseuse : la vanité, ou l'estime des biens du monde ; rien n'est plus contraire aux maximes de l'Évangile : la médisance, c'est, dit-on, le sel de la conversation, et c'est la perte de l'âme de celui qui médit, de celui qui l'écoute avec complaisance, et de celui qui, pouvant l'empêcher, ne le fait pas : la liberté des paroles qui blessent la pudeur, non-seulement de celles qui expliquent les choses sans retenue, mais des paroles artificieuses et équivoques, sources funestes de mille pensées mauvaises, de désirs et d'actions criminelles : la raillerie, quand elle dégénère, et qu'elle choque la bienséance, la charité et la religion.

JOURNÉE PRATIQUE.

CHRÉTIEN,
Souviens-toi que tu as aujourd'hui :

Un Dieu à glorifier,
Un Jésus à imiter,
La Vierge et les Saints à prier,
Les bons Anges à honorer,
Une âme à sauver,
Un corps à mortifier,
Des vertus à demander,
Des péchés à expier,
Un paradis à gagner,
Un enfer à éviter,
Une éternité à méditer,
Un temps à ménager,
Un prochain à édifier,
Un monde à appréhender,
Des démons à combattre,
Des passions à abattre,
Peut-être la mort à souffrir,
Et le jugement à subir.

PENSÉES CHRÉTIENNES POUR TOUS LES JOURS DU MOIS

PAR LE R. P. BOUHOURS, DE LA COMPAGNIE DE JÉSUS.

AVERTISSEMENT.

Ce ne sont pas ici des discours dont la lecture demande beaucoup d'application, et beaucoup de temps. Ce sont de simples pensées courtes et faciles, qui s'entendent sans peine, et qui se peuvent lire en un instant. Ce ne sont pas des pensées purement morales, qui ne regardent que les devoirs de l'honnêteté naturelle, comme celles d'Épictète et de Sénèque ; ce sont des *Pensées Chrétiennes*, qui ont pour objet les plus importantes vérités de la foi, et les plus hautes maximes de l'Évangile.

Ces pensées sont propres, non-seulement pour les âmes qui vivent dans la retraite, et qui ont un grand usage de l'oraison, mais aussi pour celles qui sont engagées dans le monde et qui ont peu d'ouverture pour les choses de Dieu. Car enfin les personnes les plus attachées à la terre, sont capables de lever quelquefois les yeux au Ciel. Quelqu'occupation et quelqu'embarras qu'on ait, on a toujours assez de loisir pour une lecture d'un moment ; et si les affaires ne permettent pas qu'on fasse des méditations réglées, on peut au moins prendre tous les jours une bonne pensée, avant que de s'appliquer aux affaires.

Le dessein de ce petit livre est de fournir des pensées pour tous les jours du mois. Et pour s'en bien servir, voici la méthode qu'on doit garder.

Le matin, après avoir adoré Dieu et vous être mis en sa présence, lisez les pensées du jour : mais lisez-les lentement pour les bien comprendre. Si vous en avez un peu le loisir, arrêtez-vous au premier article, avant que de passer au second. Ne vous contentez pas de concevoir la vérité ou la maxime que vous aurez lue, pénétrez-la, goûtez-la, faites-vous-en l'application. Usez-en ainsi à chaque article. Si vous êtes trop occupé, contentez-vous d'une simple lecture. Les pensées chrétiennes font sur les âmes ce que le cachet fait sur la cire : pour peu qu'elles entrent dans notre esprit, elles ne manquent pas d'y faire quelqu'impression. Si vous ne pouvez pas lire ces pensées le matin, ni pendant la journée, lisez-les le soir avant que de vous coucher.

La pratique qui suit immédiatement les pensées, est importante et facile, il ne faut pas l'omettre ; on a bientôt fait un acte de vertu, et une petite réflexion.

Les passages qui sont à la fin, sont comme l'abrégé et l'extrait des pensées du jour : ils en ramassent tout le sens et toute la force en deux mots. Ils sont courts et aisés à retenir, ils sont touchants et très-propres à exciter, à soutenir et à nourrir l'âme pendant la journée. Ce sont des grains d'essence qui contiennent une grande vertu sous une petite masse, et qui font beaucoup d'effet en peu de temps. Quand vous aurez lu les pensées de tous les jours du mois, il faut les relire tout de nouveau, pour les concevoir parfaitement, et pour en tirer le fruit nécessaire ; il y a toujours quelque chose à découvrir dans les vérités de l'Évangile ; ce sont des mines qu'on ne saurait trop creuser. Ce sont aussi des semences qui ne fructifient point dans les cœurs, si elles n'y jettent de profondes racines.

PREMIER JOUR. DE LA FOI.

I. Tout ce que la foi nous enseigne, est appuyé sur l'autorité de la parole de Dieu. L'Église a appris de la bouche de J. C. ce qu'elle propose aux fidèles pour l'objet de leur croyance : on ne peut pas s'égarer quand on a la vérité même pour guide. Il n'y a rien de plus raisonnable, que de soumettre sa raison à la foi.

II. Que sert la foi à un chrétien, si elle ne lui sert de règle pour ses mœurs ? C'est une grande folie de douter de la vérité d'une doctrine que Dieu a révélée, que tant de martyrs ont signée de leur sang, qui a été confirmée par tant de miracles, que les démons mêmes ont confessée en tant de rencontres ; mais c'est une bien plus grande folie de croire cette doctrine vraie, et de vivre comme si l'on ne doutait pas qu'elle ne fût fausse. C'est croire comme les démons, que de ne pas vivre conformément à sa croyance.

III. La foi sera donc désormais le principe de mes actions, et la règle de ma vie. Tout ce qu'elle condamne, je le condamne absolument, malgré toutes les répugnances de la nature. J'opposerai dans les occasions, les maximes de l'Évangile à celles du monde. Que dit le monde ? Qu'il faut suivre ses inclinations, qu'il ne faut rien souffrir, etc. Que dit J. C. ? Tout le contraire. Qui a raison, J. C., ou le monde ?

« Remerciez Dieu de ce que vous êtes dans la vraie Église, et dites le *Credo* lentement, comme pour faire une solennelle profession de foi. »

« Seigneur, augmentez-en nous la foi. »

— LUC. 17.

« Que sert-il d'avoir une croyance catholique, et de mener une vie païenne ? »

— PETR. DAM.

II. JOUR. DE LA FIN DE L'HOMME.

I. Dieu seul est notre dernière fin ; il n'a pu nous créer que pour lui. Notre cœur nous dit que nous ne sommes faits que pour Dieu, et nous ne saurions le démentir qu'en nous trahissant nous-mêmes.

II. Chacun doit avoir ce qui lui appartient. Soyons donc à Dieu, puisque nous appartenons à Dieu. Si nous ne sommes à lui de bon cœur, comme ses enfants, nous serons à lui malgré nous, comme ses esclaves. Il faut nécessairement que nous vivions sous l'empire de sa bonté, ou sous l'empire de sa justice ; quel parti voulez-vous prendre ?

III. Chaque chose doit aller à sa fin, et agir selon sa nature. Si le soleil, qui est fait pour éclairer, refusait sa lumière aux hommes, il serait comme s'il n'était pas : ou plutôt il serait un monstre dans le monde. Ainsi, il n'y a rien de plus inutile ni de plus monstrueux qu'un cœur qui, n'étant fait que pour Dieu, n'est pas tout à Dieu. Me comporté-je comme une créature qui n'est que pour Dieu ? Toutes mes pensées et toutes mes actions sont-elles pour lui ? Ah ! que je fais peu de choses, que je puisse dire être véritablement pour Dieu ! Que faisons-nous sur la terre, si nous ne faisons l'unique affaire pour laquelle nous y sommes !

« Prenez ici la résolution de chercher uniquement Dieu, et de ne lui rien dérober de ce qui lui appartient. »

« Ah ! vous êtes mon Seigneur et mon Dieu. »

— JEAN. 20. 1

« Celui qui vous a fait tout ce que vous êtes, a droit d'exiger de vous que vous soyez tout à lui. »

— S. AUG.

III. JOUR. DU MÉPRIS DU MONDE.

I. Dès qu'on a de l'attachement pour le monde, on cesse en quelque façon d'être chrétien. Ce monde profane, si passionné pour la grandeur, pour le plaisir, pour tout ce qui flatte l'amour-propre, est le capital ennemi de J. C. Leurs maximes, leurs commandements, leurs intérêts sont contraires ; on ne peut pas les servir tous deux ensemble : il faut rompre avec l'un ou avec l'autre.

II. Nous ne pouvons prendre le parti du monde, sans violer les promesses de notre baptême ; en renonçant à Satan et à ses pompes, nous nous sommes engagés, par un serment solennel, à fouler aux pieds tout ce que les mondains estiment. Quelle perfidie, quel sacrilège d'être, après cela, idolâtre de la vanité, et de préférer les biens de la terre à ceux du Ciel !

III. Le monde n'a rien qui soit digne de l'amour d'une âme immortelle. Il n'a pas même de quoi payer ceux qui le servent. Ses trésors, ses divertissements, ses honneurs peuvent occuper et embarrasser le cœur humain ; mais ils ne peuvent pas le satisfaire ni le remplir ; ce ne sont, à dire vrai, que de faux biens, que des illusions et des ombres, ou plutôt ce sont des maux véritables. Ils rendent l'homme méchant, et ils ne l'empêchent pas d'être malheureux.

La fortune la plus éclatante est non-seulement vaine et fragile, mais onéreuse, mais pleine d'amertume et de chagrin. On soupire, on souffre sur le trône aussi bien que dans les fers.

« Priez Notre-Seigneur qu'il détruise en vous l'esprit du monde, et qu'il vous donne la force de mépriser les grandeurs du siècle. »

« La figure de ce monde passe. »

— I. COR. 7.

« Malheur à ceux qui s'attachent à des choses passagères, parce qu'ils passent avec elles. »

IV. JOUR. DE LA MORT.

I. Un chrétien a bien sujet de craindre la mort quand il ne vit pas en chrétien. Quel compte à rendre après une vie mondaine et sensuelle ! Quel regret d'avoir perdu toutes les occasions de son salut ! Mourir ennemi de Dieu, ô la triste mort ! Ô le funeste moment qui finit les plaisirs du temps, et qui commence les peines de l'éternité !

II. Que voudrions-nous avoir fait à l'heure de la mort ? Faisons maintenant ce que nous voudrions avoir fait alors ; il n'y a point de temps à perdre : chaque moment peut être le dernier de notre vie. Plus nous avons vécu, plus nous sommes près du tombeau : notre mort est d'autant plus proche, qu'elle a été plus différée.

III. Quel jugement ferai-je des biens de la terre quand il me les faudra quitter ? Prenons à présent conseil de la mort ; elle est fidèle, elle ne nous trompera pas. Que deviendront cette beauté, cet argent, ce plaisir, cet honneur ? Qu'en juge-t-on à la mort ? Pendant la vie, les apparences nous trompent ; à la mort on voit les choses comme elles sont. L'homme vivant estime le monde ; l'homme mourant le méprise. Lequel devons-nous croire ? l'homme vivant ou l'homme mourant ? Ah ! que le monde nous paraîtra peu de chose à la lueur du flambeau qui nous éclairera au lit de la mort ! mais, hélas ! il ne sera plus temps de se détromper.

« Pensez à ce que vous craindriez le plus, s'il vous fallait mourir présentement, et mettez-y ordre au plus tôt. Accoutumez-vous à faire chaque action de la journée comme si vous deviez mourir après l'avoir faite ; gardez surtout cette pratique dans l'usage des Sacrements. »

« Je ne suis peut-être éloigné de la mort que d'un pas. »

— I. REG. 20.

« Il n'y a point de lendemain pour un chrétien. »

V. JOUR. DU JUGEMENT DERNIER.

I. Il faudra que je comparaisse un jour devant le tribunal de Jésus-Christ pour y être jugé selon le mal ou le bien que j'aurai fait. Il n'y a rien de plus formel, ni de mieux marqué dans l'Évangile, que cette vérité-là ; je la crois aussi fermement que si la trompette avait déjà sonné pour réveiller tous les morts.

II. Que dirons-nous à la vue de tant de pensées mauvaises, de tant d'actions criminelles, de tant de grâces méprisées ? Ô le terrible jour, que le jour de la colère du Seigneur, où tout sera découvert, jusqu'aux mouvements du cœur les plus cachés ; où tout sera compté, jusqu'aux moments, jusqu'aux moindres soupirs, et où l'on ne rabattra rien. Les justes seront à peine trouvés justes : que sera-ce des pécheurs ?

III. Quelle sentence doit attendre un pécheur impénitent d'un Dieu inexorable ! Ô l'effroyable arrêt ! Allez, maudits, etc. Eh ! où iront-ils, Seigneur, ces malheureux à qui vous donnez votre malédiction ? En quel lieu du monde voulez-vous qu'ils se retirent en s'éloignant de vous ? Où peut être une si funeste demeure ? Être banni de la présence de Dieu, être maudit de Dieu ! quel partage !

« Imaginez-vous que vous êtes présenté au tribunal de J. C. De quoi auriez-vous le plus de honte ? Pensez-y bien, et souvenez-vous que les péchés les plus secrets deviendront publics au jour du jugement, s'ils ne sont effacés par la pénitence. »

« Qui pourra soutenir la vue d'un Dieu irrité ? »

— NAHUM. 1.

« Malheur à la vie même la plus réglée et la plus honnête, si vous l'examinez sans miséricorde, ô mon Dieu ! »

— SAINT AUG.

VI. JOUR. DE L'ENFER.

I. Que nous aurions d'horreur de l'enfer, si nous pouvions entendre les cris lamentables des damnés ! ils soupirent, ils gémissent, ils hurlent comme des bêtes féroces au milieu des flammes ; ils s'accusent de leurs péchés, ils les pleurent et ils les détestent ; mais c'est trop tard. Leurs larmes ne servent qu'à rendre plus ardents les feux qui les brûlent sans les consumer. Pénitence des damnés, que tu es rigoureuse ! mais que tu es inutile !

II. Ne voir jamais Dieu ! brûler dans un feu dont le nôtre n'est que l'ombre ! souffrir toutes sortes de maux en même temps sans consolation, sans relâche ! avoir toujours des démons devant les yeux, toujours la rage et le désespoir dans le cœur ! quelle vie !

III. Ils enragent, ces malheureux, d'avoir eu tant d'occasions de se sauver, et de les avoir négligées. Le souvenir de leurs plaisirs passés est un de leurs plus sensibles tourments ; mais rien ne les tourmente davantage que de ne pouvoir perdre le souvenir d'un Dieu perdu par leur faute.

« Descendez en esprit dans l'enfer, demandez aux damnés ce qui les y a fait tomber : interrogez-les sur l'état où ils sont, et apprenez d'eux à craindre Dieu, et le danger où vous êtes. »

« Qui de vous, âmes sensuelles, pourra vivre dans les flammes dévorantes ? »

— ISAIE. 33.

« Les impies passent d'une peine à une autre, des feux de la concupiscence aux feux de l'enfer. »

— S. AUGUSTIN.

VII. JOUR. DE L'ÉTERNITÉ DES PEINES DE L'ENFER.

I. La colère de Dieu peut-elle aller plus avant, que de punir des plaisirs qui durent si peu par des supplices qui ne finissent jamais ! Être malheureux aussi longtemps que Dieu sera Dieu ! Quel malheur est-ce là ! N'est-ce pas assez que les maux d'un damné soient extrêmes ? faut-il encore qu'ils soient éternels ? Une piqûre d'épingle est un mal bien léger ; néanmoins si ce mal durait toujours, il deviendrait insupportable : que sera-ce donc, etc.

II. Ô éternité ! quand un damné aura répandu autant de larmes qu'il en faudrait pour faire tous les fleuves et toutes les mers du monde, n'en versât-il qu'une chaque siècle, il n'aura pas plus avancé, après tant de millions d'années, que s'il ne commençait qu'à souffrir. Il lui faudra recommencer tout de nouveau comme s'il n'avait rien souffert ; et quand il aura recommencé autant de fois qu'il y a de grains de sable sur les bords de la mer, d'atomes dans l'air et de feuilles dans les forêts, tout cela sera compté pour rien.

III. Les damnés n'ont pas seulement à souffrir pendant toute l'éternité, mais ils souffrent à chaque moment l'éternité toute entière. L'éternité leur est toujours présente ; l'éternité entre dans toutes leurs peines ; ils ont toujours dans l'esprit que ces peines ne finiront jamais. Ô la cruelle pensée ! ô le déplorable état ! Une éternité à brûler ! une éternité à pleurer ! une éternité à enrager ! Ah ! si nous concevions cela comme les damnés le conçoivent !

« Faites un acte de foi touchant la durée des peines dont la justice divine punit un pécheur mortel. Il faut croire au moins ce qu'on ne peut concevoir. C'est un grand malheur pour un chrétien de n'être persuadé de l'éternité malheureuse que par sa propre expérience. »

« Ceux, qui n'obéissent point à l'Évangile souffriront des peines éternelles. »

— II. THESS. 1.

« Pour un moment de plaisir, une éternité de supplices ! »

— S. CHRYSOST.

VIII. JOUR. DU PARADIS.

I. Ô Paradis ! ô le grand mot ! Qui dit Paradis, dit l'éloignement de tous : les maux, l'assemblage de tous les biens, le chef-d'œuvre de la magnificence de Dieu, le prix du sang de J. C., l'accomplissement de tous les désirs du cœur humain, et quelque chose de plus que tout cela.

II. Voir Dieu clairement, et tel qu'il est dans sa gloire ; aimer Dieu sans mesure. ; posséder Dieu sans craindre de le perdre jamais ; être heureux de la félicité de Dieu même, voilà l'objet de mes espérances. Ah ! je n'ai plus que quelques jours d'exil et de pèlerinage, et puis je serai éternellement avec celui que mon cœur aime.

III. Qu'importe où nous soyons ici-bas, pourvu que nous soyons avec Jésus et avec Marie pendant toute l'éternité ! Saurais-je justement me plaindre qu'une félicité infinie me coûte un peu de peine ? Les martyrs ont acheté le Ciel au prix de leur sang, et ils ont cru, après cela, qu'on le leur donnait pour rien. Ah ! bienheureuse éternité, si les hommes savaient ce que tu vaux !...

« Excitez en vous un grand désir de voir Dieu, et regardez la terre avec mépris à la vue du ciel. Si vous étiez rempli de la pensée du Paradis, vous n'admireriez rien, et vous ne craindriez rien en ce monde. »

« Mon cœur ne sera entièrement satisfait que quand je verrai Dieu dans sa gloire. »

— PS. 16.

« Si le travail nous fait peur, que la récompense nous anime. »

— S. BERN.

IX. JOUR. DE LA PRÉSENCE DE DIEU.

I. Dieu me regarde présentement comme si j'étais tout seul au monde ; ou plutôt il est dans moi comme un œil infiniment éclairé qui m'observe, et à qui rien n'échappe. Il me voit de la même vue dont il se comprend lui-même, et avec une application d'esprit aussi forte que s'il cessait de se contempler pour m'étudier et pour me connaître à fond.

II. Il est mille fois plus honteux pour moi que mes péchés paraissent à la vue de Dieu, que s'ils étaient exposés aux yeux de toute la terre. Voudriez-vous faire devant un valet ce que vous faites en la présence du Roi des Rois ? Quel aveuglement de craindre tant les yeux du monde, et de craindre si peu les yeux de Dieu.

III. Toutes les ténèbres de la nuit ne sont pas assez épaisses pour nous cacher à la lumière même. Les retraites les plus écartées et les plus solitaires sont remplies de la Majesté divine. On a beau fuir la compagnie et la vue des hommes, on rencontre Dieu partout.

« Mettez-vous en la présence de Dieu, et voyez s'il n'y a rien en vous qui puisse déplaire à ses yeux. Tâchez de vous accoutumer à la pratique de la présence de Dieu ; c'est un remède efficace contre le péché *Dieu me voit* : il n'en faut pas davantage pour se retenir dans la chaleur de la passion. »

« Tout est à nu et à découvert devant les yeux de Dieu. »

— HEBR. 4.

« Si vous voulez pécher, cherchez un lieu où Dieu ne vous voie point, et puis faites ce que vous voudrez. »

— S. AUG.

X. JOUR. DU SOIN DE SON SALUT.

I. L'affaire du salut est proprement l'affaire de l'homme ; tout le reste doit être compté pour rien. Les entreprises des princes, les négociations, etc., ce sont des amusements et des badinages d'enfant. L'importante et l'unique affaire est de servir Dieu et de se sauver. Tout le bien, toute la perfection, tout le bonheur de l'homme consiste en cela. Ce n'est pas être raisonnable, ce n'est pas être homme que de négliger une affaire dont les conséquences sont si grandes, dont le succès est incertain, dont la perte est irréparable. Quel aveuglement, quelle folie de ne songer qu'à vivre, et de ne pas songer à bien vivre ! de s'appliquer tant à sa fortune, et de s'appliquer si peu à son salut ! Que sert à un homme de gagner tout le monde, et de se perdre soi-même ?

II. Toutes les créatures ne sont faites que pour notre salut ; elles deviennent inutiles, quand on ne s'en sert pas pour cette fin-là. Ainsi, dès qu'un homme cesse de travailler à son salut, le soleil ne devrait plus luire, les cieux devraient s'arrêter, la terre ne devrait plus rien produire pour lui ; les Anges devraient l'abandonner, ou plutôt il devrait retomber dans le néant. Il est indigne de la vie, quand il ne vit pas pour Dieu.

III. Cependant la plupart des hommes ne songent à rien moins qu'à se sauver : on a soin de tout, hors de son salut. On veut que tout profite. Cet argent, il le faut mettre à intérêt : ce champ, il le faut labourer : ces terres, il en faut augmenter le revenu. On plaint toutes les pertes, excepté celle qui est sans ressource. On fait de grandes dépenses pour le corps, et on ne fait rien pour l'âme. Il semble, de la manière dont nous vivons, que notre âme ne soit point à nous, que ce soit l'âme d'un de nos plus mortels ennemis, que ce soit l'âme d'une bête ; ou plutôt il semble que nous n'ayons point d'âme, ou que nous n'en ayons une que pour la perdre.

« Prenez la résolution de vous sauver à quelque prix que ce soit, et entrez dans le sentiment du pape Benoît XII. Un roi lui ayant demandé quelque chose d'injuste : si j'avais deux âmes, dit-il, j'en donnerais une pour ce prince ; mais n'en ayant qu'une, je ne la veux point perdre. »

« Après tout, il n'y a qu'une chose nécessaire. »

— LUC. 10.

« Il n'y a nul intérêt à espérer où celui du salut ne se trouve point : on perd tout en perdant son âme. »

— S. EUCH.

XI. JOUR. DE L'HORREUR DU PÉCHÉ.

Quelle perte, que la perte d'un Dieu. Les hommes s'estiment malheureux, quand ils perdent leurs biens par un procès, par une banqueroute, ou par quelqu'autre accident. Qu'est-ce donc que de perdre un bien infini ? Malheureuse l'âme qui perd son Dieu par un péché ! mais plus malheureuse celle qui compte pour rien un Dieu perdu !

II. Ô péché, que tu es commun parmi les hommes ! mais que tu es inconnu aux hommes ! En jouant et en se divertissant, se rendre l'objet de l'exécration de Dieu, quel jeu et quel divertissement est-ce là ? Dieu, qui n'est qu'amour, hait infiniment le péché. Haïr un peu, c'est vouloir un peu de mal : haïr à la mort, c'est vouloir la mort ; mais haïr infiniment, c'est ce qui ne se peut comprendre. Que craignons-nous, si nous ne craignons pas cette épouvantable haine de Dieu ?

III. C'est un spectacle bien terrible, que le spectacle du Calvaire ! Cependant l'état d'une âme privée de la grâce, est encore plus effroyable que celui d'un Dieu mourant en croix. Jésus ne meurt que pour détruire le péché. Le péché lui fait plus d'horreur que la mort.

« Concevez une véritable douleur de vos péchés. De toutes les pertes, il ne faut pleurer que celle de la grâce, parce qu'il n'y a que celle-là qui puisse être réparée par les larmes. »

« Que vous revient-il de vos péchés, que la honte de les avoir commis ? »

— ROM. 6.

« Malheur à l'âme audacieuse qui en s'éloignant de vous, ô mon Dieu, espère de trouver quelque chose de meilleur que vous ! »

— S. AUG.

XII. JOUR. DE LA PÉNITENCE.

I. Faites pénitence, et croyez à l'Évangile, dit Notre-Seigneur. Il joint ces deux choses ensemble, pour nous apprendre que les rigueurs de la pénitence sont inséparables de la profession du Christianisme. Il a été pendant le cours de sa vie mortelle un Dieu pénitent, tout occupé à expier nos péchés, pour apaiser la justice de son Père ; nous devons, à son exemple, être des hommes pénitents. Si le Saint des Saints a jeûné, pleuré, etc., que doivent faire des criminels et des scélérats ?

II. Le péché doit être nécessairement puni, ou par celui qui l'a commis, ou par celui contre qui il a été commis. Si les pécheurs ne se châtient eux-mêmes dans le temps, la justice divine les châtiera pendant toute l'éternité. Les crimes qui n'auront pas été effacés par les eaux de la pénitence seront punis par les flammes de l'enfer. Ne vaudrait-il pas mieux, pleurer quelques jours, que de brûler éternellement ?

III. Il ne suffit pas pour se réconcilier avec Dieu, de se prosterner aux pieds des prêtres, de se couvrir la tête de cendres et tout le corps d'un cilice. Si vous n'avez une douleur sincère de vos péchés, si vous ne renoncez de tout votre cœur à cet attachement criminel, à ce gain injuste, etc., vous êtes un imposteur, et non pas un pénitent. Les prières, les aumônes, les jeûnes, toutes les macérations de la chair, sont les dehors de la pénitence chrétienne ; la haine du péché en est l'essence et l'esprit.

« Demandez pardon à Dieu, d'avoir mené jusqu'à cette heure une vie si opposée à l'Évangile, et demandez-lui en même temps la grâce de vivre dorénavant comme vivaient les premiers fidèles, dans les pratiques austères de la pénitence. »

« Si vous ne faites pénitence, vous périrez tous de la même sorte. »

— LUC. 13.

« Je parle aux pénitents : Que vous sert-il de vous humilier, si vous ne changez de vie ? »

— S. AUG.

XIII. JOUR. DE NE POINT DIFFÉRER SA CONVERSION.

I. Je diffère trop à me donner à Dieu. Il semble que je tâche de m'échapper de ses mains. Est-ce donc un mal d'être à lui ? Y a-t-il de la honte à finir une vie honteuse ? Peut-on aimer trop tôt une beauté infiniment aimable. Demain, demain. Pourquoi non aujourd'hui ? pourquoi non dès cette heure ? Demain mes chaînes seront-elles plus aisées à rompre ? Mon cœur sera-t-il moins dur ? Non, sans doute. Le temps, qui affaiblit tout, fortifie les mauvaises habitudes : en différant les remèdes, on rend les maux incurables.

II. Qu'est-ce qui nous empêche de suivre la voix qui nous appelle à la pénitence ? Qu'est-ce qui nous fait peur ? Il y a de la peine à changer de vie, j'en tombe d'accord ; mais que ne doit pas faire un chrétien qui adore un Dieu crucifié, et qui espère un paradis. S'il y a quelque chose à craindre pour nous, c'est l'abus que nous faisons des grâces de Dieu.

III. Différer. L'avenir est-il à moi ? Est-ce un fonds dont je sois le maître ? Dieu m'attend ; cela est vrai : l'Écriture le dit, mais elle ne dit pas combien j'ai encore à vivre. Celui qui a promis le pardon aux pénitents, n'a point promis le lendemain aux pécheurs. Peut-être que j'aurai du temps, mais peut-être aussi que je n'en aurai point. Ne faut-il pas avoir perdu l'esprit pour fonder son salut sur un peut-être ?

« Faites réflexion sur le temps qu'il y a que vous différez à vous donner à Dieu, et tremblez à la vue du danger où vous êtes. »

« La résolution en est prise ; je veux commencer tout à l'heure à bien servir Dieu. »

— PSAL. 79.

« On ne saurait prendre trop de sûreté quand il s'agit de l'éternité. »

— S. GREG.

XIV. JOUR. DES RESPECTS HUMAINS.

I. Le monde parle ; laissez-le parler les discours des fous doivent-ils vous empêcher d'être sage ? Mais que dira-t-on ? On dira que vous craignez plus Dieu que les hommes. Les plus libertins vous estimeront dans leur âme, et se diront à eux-mêmes que vous avez raison. Qu'importe, après tout, ce qu'on dise de vous, pourvu que vous fassiez votre devoir, et que Dieu soit content.

II. Quelle lâcheté de rougir de l'Évangile ! On se fait honneur de porter les livrées d'un prince, on a honte de porter celle de J. C. Les plus vils artisans font dans le monde une profession ouverte de leur métier, et les chrétiens, dans l'église, n'osent paraître chrétiens ! Le fils de Dieu rougira devant son Père du chrétien qui aura rougi de lui devant les hommes.

III. Hé quoi ! l'adorable Jésus a-t-il quelque chose de honteux ? Son nom est-il infâme ? Est-ce un opprobre de suivre ses maximes et ses exemples ? Vous n'avez point de honte d'être un impudique et un blasphémateur ; vous en faites même gloire, et vous avez honte d'être homme de bien ! Néanmoins, quoi qu'on en dise, le plus honnête homme du monde est celui qui sert Dieu le plus fidèlement, et qui fait une plus haute profession de le servir.

« Demandez-vous à vous-même si ce fantôme du monde ne vous fait point de peur, et s'il ne vous empêche point de satisfaire à toutes les obligations que le christianisme vous impose. »

« Je ne rougis point de l'Évangile. »

— ROM. 1.

« On ne doit rien craindre, on ne doit avoir honte de rien quand on porte le signe de la croix sur le front. »

— S. AUG.

XV. JOUR. DE LA DÉFIANCE DE SOI-MÊME.

I. L'homme n'a rien tant à craindre que soi-même, sa propre faiblesse le doit plus faire trembler que toutes les puissances de l'enfer. Il ne faut qu'une parole, qu'un soupir, qu'un regard pour le vaincre. Adam a péché ; Salomon a oublié Dieu ; Saint Pierre a renié J. C. Que deviendront les roseaux, si le moindre vent renverse les cèdres ?

II. L'homme est vaincu le plus souvent sans être attaqué. Nos passions et nos sens conspirent contre nous à toute heure : notre propre cœur est notre plus dangereux ennemi. Ceux que les persécutions n'ont pu abattre sont tombés dans le désert : après avoir vaincu les tyrans et les démons, ils ont été vaincus par leurs convoitises. Gardez-vous bien de vous apprivoiser jamais avec vous-même.

III. Les plus grands saints ont frémi à la seule pensée de l'état de leur âme devant Dieu. On a ouï soupirer les anachorètes et les pénitents à l'heure de la mort, dans l'attente des formidables arrêts de la justice divine, ne sachant ce qu'ils étaient, ni ce qu'ils pouvaient devenir. Il ne faut qu'un moment pour faire d'un saint un réprouvé.

Dites avec saint Philippe de Néri : Seigneur, gardez-vous de moi aujourd'hui, car je vous trahirai si vous m'abandonnez à moi-même.

« Prévoyez les occasions, et souvenez-vous que les plus périlleuses sont celles où il vous semble que vous n'avez rien à craindre. »

« Que celui qui croit être ferme prenne garde de ne pas tomber. »

— I. COR. 10.

« Quoique vous soyez en un lieu d'assurance, ne croyez pas pour cela être en sûreté. »

— S. BERNARD.

XVI. JOUR. DE L'USAGE DES GRÂCES.

I. Nous n'avons pas la moindre grâce que Jésus ne nous ait achetée au prix de son sang, et qu'il n'ait demandée pour nous à son Père lorsqu'il rendait l'âme sur la croix. Négliger une bonne pensée qui nous vient du ciel, étouffer une inspiration qui nous porte au bien, c'est fouler aux pieds le sang de Jésus, c'est rendre inutile le fruit de sa mort.

II. Nous sommes redevables à Dieu, non-seulement des grâces que nous avons reçues, mais encore de celles qu'il avait dessein de nous donner si nous n'y eussions point mis obstacle. Le soleil luit, nous fermons nos fenêtres ; nous ne lui sommes pas moins obligés de sa lumière, il ne tient qu'à nous de nous en servir.

III. Il y a peut-être plus de vingt ans que Dieu vous inspire des choses que vous n'avez pas encore eu le courage d'exécuter. Être si longtemps à l'école du Saint-Esprit, et n'apprendre rien ! Être si souvent sollicité, repris, menacé, et ne rien faire ! Souvenons-nous que Dieu est un créancier à qui personne ne peut faire banqueroute, et que s'il ne nous contraint pas si tôt de payer nos dettes, il nous en demandera les intérêts, qui seront grands, et qu'enfin il y a une mesure de grâces et de péchés après laquelle Dieu se retire.

« Remerciez le Saint-Esprit de toutes les grâces qu'il vous a données ; demandez-lui pardon de n'y avoir pas toujours été fidèle ; écoutez ce qu'il vous dit à présent, et craignez que si vous ne faites ce qu'il vous dit, il ne vous abandonne à la fin. »

« On demandera beaucoup à celui à qui on aura donné davantage. »

— LUC. 12.

« La grâce est suivie du jugement. »

— S. BASIL.

XVII. JOUR. DE L'USAGE DU TEMPS.

I. La perte du temps est un des plus grands désordres du monde. Cette vie est si courte, tous les moments en sont si précieux, et néanmoins nous vivons comme si cette vie ne devait jamais finir, ou que nous n'y eussions rien à faire.

II. Hélas ! si un damné avait un seul moment de tout le temps que je perds, comment en useront-ils ? À chaque moment de ma vie je pourrais gagner une éternité bienheureuse. Nous ne laissons échapper aucune occasion de nous divertir ou de nous enrichir, et nous perdons à toute heure l'occasion de nous sauver.

III. La journée la mieux employée n'est pas celle où vous avez le plus avancé vos affaires, mais celle où vous avez plus amassé de mérites, et dont Dieu est le plus content. Faites en sorte qu'à quelque heure qu'on vous rencontre, si on vous demandait : que faites-vous ? vous puissiez dire : Je travaille pour Dieu et pour mon salut.

« Renouvelez les résolutions que vous avez prises de bien servir Dieu, et mettez-vous bien dans l'esprit que tout le temps que vous n'employez pas pour Dieu, est un temps perdu. »

« Dieu n'a donné à personne du temps pour pécher. »

— ECCL. 15.

« Vous avez le loisir d'être philosophe, et vous n'avez pas le loisir d'être chrétien. »

— S. PAULIN.

XVIII. JOUR. DE L'USAGE DES SACREMENTS.

I. Les sacrements sont les canaux qui nous communiquent le sang et les mérites de J. C. Ce sont les sources des grâces les plus nécessaires à notre salut. Quand on en abuse, on rend les mérites de J. C. inutiles, on rend son salut impossible.

II. Abuser des sacrements, c'est en empêcher l'effet par la mauvaise disposition avec laquelle on s'en approche. Quel sujet de crainte ! Tant de confessions, et si peu d'amendement ! Manger si souvent une viande divine, et mener toujours une vie sensuelle ! Un chrétien qui a une fois dignement communié, a assez de force pour soutenir le martyre. Où en sommes-nous ?

III. Ce qui doit nous faire trembler, c'est que quand nous recevons le corps de N. S. sans une douleur véritable de nos péchés, nous mangeons notre jugement, selon la parole de saint Paul, et nous nous incorporons notre damnation, pour parler ainsi. Que sera-ce quand il faudra faire réparation au sang de J. C. tant de fois profané dans les communions indignes et sacrilèges ?

« Considérez quels sont les défauts de vos confessions et de vos communions, et entrez dans les dispositions d'une âme sainte, qui ne s'approchait jamais des sacrements que comme si elle eût dû mourir après les avoir reçus. »

« Que l'homme s'éprouve soi-même. »

— I. COR. II.

« Il y a de mauvais chrétiens qui portent le nom de fidèles, sans être fidèles en effet ; et ce sont ceux qui déshonorent et qui profanent les sacrements de Jésus-Christ. »

— S. AUG.

XIX. JOUR. DE LA MESSE.

I. La Messe est une représentation et un renouvellement du sacrifice de la croix. On fait tous les jours dans nos églises ce qui a été fait une fois sur le Calvaire. Je ne puis rien faire de plus agréable à Dieu, que d'assister à ce divin sacrifice. Pour y assister chrétiennement, je dois joindre mes intentions à celles du prêtre, et sacrifier avec lui le Fils de Dieu à son père : ou plutôt, je dois unir mon cœur à celui de J. C. pour les offrir tous deux à Dieu.

II. Nous offensons Dieu à toute heure, et nos péchés ne méritent pas moins que des peines infinies. Comment satisfaire à la justice divine, si nous ne lui présentons les souffrances de N. S. pour suppléer à celles dont nous sommes redevables ? Toutes les austérités des pénitents, tous les tourments des martyrs, toutes les afflictions des misérables, ne peuvent pas acquitter la moindre de nos dettes, sans le sacrifice de la croix, dont les mérites nous sont appliqués par le sacrifice de la Messe.

III. Dieu apparemment ne pourrait pas souffrir tant de crimes dans le monde, s'il ne voyait au milieu des villes les plus débordées, son fils immolé sur les autels. La vue de cette victime bien-aimée arrête le bras de sa justice. Si nos péchés crient vengeance, le sang de Jésus crie miséricorde. Adorons le Fils de Dieu dans cet état de victime, et allons souvent lui rendre nos hommages au pied des autels. Quelle honte pour nous et pour lui, qu'il soit si souvent seul dans nos églises, et que sa cour soit déserte, tandis que celles des princes sont remplies de monde !

« Prenez la résolution d'entendre tous les jours la Messe, et de l'entendre avec toute la révérence que mérite un si auguste sacrifice. Pour cela, allez à l'église comme au Calvaire, pour assister à la mort de J. C. »

« On me sacrifie en tout lieu une victime pure et sainte. »

— MALACH. I.

« Jésus sera véritablement une victime sacrifiée pour nous, si nous nous sacrifions nous-mêmes. »

— S. GREG.

XX. JOUR. DE L'AUMÔNE.

I. Que nous sommes obligés à J. C. de nous avoir donné lieu de lui faire du bien, en substituant les pauvres en sa place ! Il est dans l'Eucharistie pour recevoir nos adorations, et pour servir de nourriture aux fidèles ; il est dans les pauvres, pour attirer notre compassion et pour être nourri par les fidèles. Heureux l'homme qui donne l'aumône à J. C. ! mais malheureux l'homme qui la lui refuse ! Vous donnez vous-même à manger à votre chien, et vous laissez mourir de faim J. C. Quelle injustice ! quelle barbarie !

II. Ce qu'on donne aux grands, est presque toujours perdu : ce qu'on donne à Dieu ne l'est jamais. Il rend tout avec usure ; il paie tout libéralement, jusqu'à un verre d'eau. Le jeu, le luxe, la débauche ont ruiné mille maisons : l'aumône n'en a jamais appauvri une. C'est un grand art pour amasser du bien que d'en faire aux pauvres.

III. Les hommes seront jugés sur le pied de leurs aumônes au jour du jugement. Que répondront tant de mauvais riches, lorsque les pauvres les accuseront, lorsque Jésus-Christ lui-même leur reprochera leur dureté ? « Allez, maudits, au feu éternel. J'ai eu faim, et vous ne m'avez pas donné à manger ; j'ai été nu, et vous ne m'avez pas habillé, etc. » Un cœur dur pour les pauvres, est un cœur de réprouvé : au contraire, une âme vraiment charitable est une âme prédestinée. Que pourra dire notre juge contre nous, quand il verra nos habits sur lui, notre pain et notre argent entre ses mains ? Nous n'avons rien à craindre au tribunal de la justice divine, pourvu que les pauvres plaident notre cause.

« Considérez de quelle manière vous en usez envers les pauvres, si vous les traitez comme les membres de J. C. ; si vous leur faites tout le bien que vous êtes obligé de leur faire. »

« Celui qui a pitié du pauvre, donne à usure au Seigneur. »

— PROV. 19.

« Donnez l'aumône à tous ceux qui vous la demandent, de peur que celui à qui vous la refuserez, ne soit J. C. lui-même en personne. »

— S. AUG.

XXI. JOUR. DE L'EXEMPLE.

I. Le mauvais exemple a damné plus d'âmes que tous les Saints n'en ont jamais pu sauver. Si l'on ouvrait la porte de l'enfer, à peine en trouverait-on une qui ne dît : « Un tel ou une telle m'a damnée. » Quel reproche ! On nous commande d'aimer nos ennemis : pourquoi faire périr des âmes qui ne nous font point de mal ? Un homme qui a été assez malheureux, pour perdre des âmes rachetées par le sang d'un Dieu, doit bien craindre pour son salut. Que pouvons-nous espérer de J C., après lui avoir ravi ce qui lui a coûté si cher ?

II. Ô pères et mères, qui ne vivez pas chrétiennement, il vaudrait mieux que vos enfants n'eussent jamais été, que d'être nés de vous ! Vous ne leur avez donné la vie que pour leur donner la mort, et la mort éternelle. Quand ils vous demanderont leur paradis au jour du jugement, qu'aurez-vous à leur répondre ?

III. Revêtons-nous de J. C., selon la parole de saint Paul. Qu'on remarque en nous son esprit, sa conduite, ses vertus ; de sorte qu'en vous voyant on se souvienne de lui. On ne contribue pas moins au salut de ses frères par une vie édifiante, qu'on contribue à leur damnation par une vie scandaleuse.

« Prenez garde si vous ne faites rien qui scandalise le prochain, et demandez pardon à Dieu des péchés d'autrui dont vous avez été la cause. N'est-ce pas assez de nos crimes, sans nous charger de ceux des autres ? »

« Malheur à l'homme par qui le scandale arrive ! »

— MATTH. 18.

« Un pécheur scandaleux est coupable de tous les péchés que son mauvais exemple a fait commettre. »

— SALVIAN.

XXII. JOUR. DES SOUFFRANCES.

I. Nous ne sommes pas chrétiens pour être riches et pour vivre dans les plaisirs. Il ne fallait pas pour cela établir le christianisme : il n'y avait qu'à laisser le monde comme il était, sous l'empire de l'opinion et de la passion. La vie chrétienne est une vie crucifiée. À moins que d'aimer la croix, il faut renoncer à la foi.

II. Que dit l'Évangile ? Bienheureux sont ceux qui pleurent : malheur à vous, riches, qui avez votre consolation dans ce monde ! Voilà le langage du Saint-Esprit. Mais il semble que ce soit présentement un langage barbare, qui ne s'entende plus qu'au Canada ou au Japon, où les fidèles courent au martyre. Il faut effacer l'article des souffrances de l'Évangile de l'Europe. Croyons-nous que la félicité consiste dans les larmes, et que les riches soient malheureux ? Cependant c'est un article de foi dont la croyance n'est pas moins nécessaire au salut, que celle de la Trinité et de l'Incarnation.

III. Il a fallu que le Fils de Dieu mourût en croix pour prendre possession de sa gloire. Tous les saints ne sont entrés dans le ciel que par la voie des souffrances. Prétendons-nous que ce qui a tant coûté au Fils de Dieu et aux saints, ne nous coûte rien ? La croix est le partage et la marque des élus. Une âme qui ne souffre rien, et qui ne veut rien souffrir, a le caractère d'un réprouvé. Il faut nécessairement souffrir en ce monde ou en l'autre.

« Adorez J. C. crucifié, et demandez-lui la grâce de participer maintenant à sa vie souffrante, afin de participer un jour à sa vie glorieuse. »

« Celui qui ne porte pas sa croix, n'est pas digne de moi. »

— LUC. 14.

« Quelle honte d'être un membre délicat sous un chef couronné d'épines ! »

— S. BERN.

XXIII. JOUR. DE LA CONFORMITÉ À LA VOLONTÉ DE DIEU.

I. Le plus grand bonheur d'une créature raisonnable, c'est de vouloir ce que veut son Créateur : c'est en cela précisément que consiste la vraie sainteté. Les saints ne sont saints que parce que leur volonté est conforme à celle de Dieu. Quelque vertu que vous ayez, si vous n'avez celle-là, vous n'êtes pas véritablement dévot.

II. Une âme qui n'est pas contente de ce que Dieu veut, entreprend en quelque façon sur l'autorité de Dieu. Vouloir que les choses qu'il ordonne et permet en ce monde, aillent autrement qu'elles ne vont, c'est vouloir que Dieu ne soit pas le maître. Tout ce qui nous arrive, arrive par son ordre. N'est-il pas juste d'agréer tout ce qu'ordonne une sagesse infinie ?

III. Rien ne m'arrive que par l'ordre de Dieu, et qui ne soit pour mon bien. Quand il prendrait lui-même le couteau pour m'égorger, je suis sûr que sa main serait conduite par son cœur. Qu'ai-je à craindre d'un cœur qui m'aime ? Je ne veux donc que ce qu'il veut. Je n'ai garde de me plaindre du chaud ou du froid, d'une perte, d'une maladie, etc. Tout cela change de nature et de nom, en passant par les mains de Dieu. Ce que le monde appelle mauvais temps, affliction, disgrâce, est un avantage, une bonne fortune et une faveur du ciel, quand on le regarde dans l'ordre de la Providence.

« Renoncez à votre propre volonté, et priez Dieu que la sienne s'accomplisse toujours sur vous. »

« Je le veux, mon Père, parce que vous le voulez ainsi. »

— MATTH. 11.

« Nous plaisons à Dieu, quand tout ce que Dieu veut nous plaît. »

— S. AUG.

XXIV. JOUR. DE LA CONFIANCE EN DIEU.

I. Un homme confie sa santé à un médecin, son procès à un avocat, et sa vie, s'il est aveugle, à un enfant, et quelquefois à un chien : et nous ferions difficulté de nous abandonner à la conduite de Dieu !

II. Les soins de la Providence s'étendent jusqu'aux fourmis et aux moucherons : que doivent craindre des âmes créées à l'image de Dieu, et rachetées par le sang de Jésus-Christ ? Dieu nourrit les infidèles qui ne le connaissent pas ; il comble de grâces les impies qui blasphèment son saint nom : que ne fera-t-il point pour les chrétiens qui l'honorent et qui l'aiment ?

III. Nos intérêts sont beaucoup mieux entre ses mains qu'ils ne seraient entre les nôtres. Laissons-le faire ; il est notre Père et notre Mère tout ensemble. La tendresse qu'il a pour ses enfants l'oblige à avoir soin d'eux. Il nous a promis sa protection, il ne manquera pas à sa parole. Le ciel et la terre périraient plutôt que Dieu laissât périr un homme de bien qui a confiance en lui.

« Examinez votre cœur, et voyez s'il a une confiance digne de la bonté de Dieu et des mérites de J. C. »

« Vous êtes mon Dieu ; mon sort est entre vos mains. »

— PS. 30.

« Jetez-vous entre les bras de Dieu, il ne se retirera pas pour vous laisser tomber. »

— S AUG.

XXV. JOUR. DE L'AMOUR DE DIEU.

I. Dieu nous a aimés jusqu'à nous donner son Fils unique. S'il eut eu quelque chose de meilleur, il nous l'eût donné. N'est-ce pas acheter assez cher notre amour, que de l'acheter à ce prix-là ? Une bonté médiocre a droit de se faire aimer : pourquoi n'aimerais-je pas une bonté infinie ? Hé quoi ! pour être infinie, cesse-t-elle d'être aimable ?

II. Dieu me commande de l'aimer : est-ce un commandement trop rigoureux que celui d'aimer une beauté infiniment aimable ? Il me commande de l'aimer de tout mon cœur : est-ce trop d'un cœur si petit, pour un Dieu si grand ? Mais qui dit tout, n'excepte rien : quelque partie que je donne, si je ne donne tout, je ne donne pas assez.

III. Si l'éternité pouvait finir, ce ne serait pas trop de l'enfer, même aux jugements des démons, pour obtenir la grâce d'aimer Dieu. Il n'y a pas un damné qui ne s'estimât heureux, si, après des siècles innombrables de souffrances, il pouvait faire un acte d'amour. Je puis aimer Dieu, si je veux, sans qu'il m'en coûte nulle peine : ne le pas faire quand on le peut, c'est un mal plus grand que l'enfer même.

« Désavouez tout autre amour que celui de Dieu, et faites le plus puissant effort que vous pourrez, pour aimer Dieu sur toutes choses. »

« Si je n'ai la charité, je ne suis rien. »

— I. COR. 13.

« Si nous avions de la peine à aimer Dieu les premiers, n'en ayons point à l'aimer, après qu'il nous a prévenus. »

— S. AUG.

XXVI. JOUR. DE L'AMOUR DE N. S. J. C.

I. Rien n'a jamais tant coûté que mon âme : une vie divine en a été le prix. Je méritais l'enfer ; le démon et toutes les créatures demandaient la punition de mes crimes : J. C. n'a écouté que son cœur, qui lui demandait ma grâce ; il a eu pitié de moi, et il a donné jusqu'à la dernière goutte de son sang pour me racheter. Ainsi, quand je ne serais pas à Dieu mon Créateur, je serais à J. C. mon Rédempteur. Le moins que je lui doive, est de lui savoir gré du bien qu'il m'a fait. Si je ne lui rends pas vie pour vie, il faut au moins que je lui rende amour pour amour.

II. Je donne à un chien un os qui m'est inutile : pour ce rien, il m'aime, il me caresse, il me garde. Jésus me donne ses grâces, son sang, ses mérites, tous ses trésors, et je demeure insensible ! Apprends, apprends ton devoir d'une bête, âme ingrate et dénaturée. Ton chien est ton maître et ton juge. Si son exemple ne réforme pas ton cœur, tu es plus brutale que les bêtes mêmes.

III. Nous avons le cœur si tendre pour nos amis, nous sommes si sensibles aux bons offices qu'ils nous rendent, n'y aurait-il que J. C. pour qui nous aurions de la dureté et de l'ingratitude ? Qui de nos amis a été crucifié pour nous ?

« Demandez l'amour de J. C. à J. C. même. On ne peut l'aimer sans sa grâce. »

« Si quelqu'un n'aime point N. S. J. C., qu'il soit anathème. »

— I. COR. 6.

« Si je me dois déjà tout entier à Dieu pour avoir été créé, que me reste-t-il à lui donner pour avoir été racheté, et pour l'avoir été d'une manière si excellente ? »

— S BERN.

XXVII. JOUR. DE L'AMOUR DU PROCHAIN.

I. Une âme qui n'aime point son prochain, ne peut pas dire véritablement qu'elle aime Dieu. Quelques bonnes œuvres que nous fassions, nous ne faisons rien, si nous n'aimons point nos frères. Le martyre est abominable devant Dieu, sans la charité.

II. Voilà mon commandement, disait Jésus, que vous vous aimiez les uns les autres, comme je vous ai aimés. Quand les hommes n'auraient rien d'aimable, que d'avoir été aimés de J. C., ne serait-ce pas assez pour m'obliger à les aimer de tout mon cœur ? Je serais bien délicat, si je n'aimais pas ce que mon Sauveur a aimé plus que lui-même !

III. Aimé-je tous les hommes comme Jésus m'a aimé ; c'est-à-dire, jusqu'à être prêt à donner mes biens et ma vie pour eux ? Que cette dévotion est rare dans le christianisme ! et cependant c'est celle de J. C. et des véritables chrétiens.

« Excitez en vous des sentiments de tendresse pour ceux que N. S. a aimés si tendrement, et faites un bon propos de les aider à se sauver, et de ne jamais rien faire qui blesse la charité du prochain. »

« Celui qui aime le prochain a accompli la loi. »

— ROM. 13.

« La charité seule distingue les enfants de Dieu des enfants du démon. »

— S. AUG.

XXVIII. JOUR. DE L'AMOUR DES ENNEMIS.

I. La charité est si propre au christianisme, que nous sommes obligés d'aimer jusqu'à nos ennemis. J. C. nous en a donné le précepte et l'exemple. Un Dieu commande, et nous avons de la peine à lui obéir ! Un Dieu pardonne sa mort à ses bourreaux, et nous ne pourrons pardonner une petite injure à nos frères.

II. Il n'y a point de miséricorde pour une âme qui ne pardonne point. Dieu nous pardonnera comme nous pardonnerons aux autres. Un chrétien qui veut se venger, se condamne par sa propre bouche, toutes les fois qu'il récite l'Oraison dominicale. Il faut que nous aimions nos ennemis, ou que nous nous haïssions nous-mêmes.

III. Il semble que deux chrétiens qui se haïssent ne soient pas de la même religion. Car quelle apparence que des personnes qui ne se peuvent souffrir, approchent du même autel, mangent la même viande, croient le même Paradis, et espèrent être ensemble éternellement ? Il n'est permis de haïr que les démons, et il n'appartient qu'aux damnés de se haïr les uns les autres. Il n'y a point de signe plus formel de réprobation, que de ne pas pardonner. Une âme qui a cette marque, est marquée pour l'enfer.

« Sondez votre cœur à la vue du crucifix ; et si vous y sentez de la haine pour quelques personnes, prenez des sentiments de charité dans les plaies de Jésus. »

« Celui qui hait son frère, est un homicide. »

— I. JEAN. 3.

« Vous voulez vous venger étant Chrétien ; et la mort de J. C. n'est pas encore vengée ! »

— S. AUG.

XXIX. JOUR. De l'Imitation de Notre-Seigneur.
I. Le premier homme se perdit en voulant être semblable à Dieu : tous les autres hommes ne se peuvent sauver qu'en devenant semblables au Fils de Dieu. Il s'est rendu notre modèle en se faisant homme : nous devons être ses images. Il est le chef des prédestinés : c'est être réprouvé que de ne lui pas ressembler.

II. On étudie avec tant de soin les modes et les manières du monde, et l'on ne fait pas seulement réflexion sur la vie de J. C. Les courtisans se forment sur leur prince : un philosophe a eu des disciples qui ont imité jusqu'à ses défauts naturels : ai-je jamais pensé sérieusement à imiter les vertus du Fils de Dieu ? Quelle honte pour moi de n'avoir pas fait encore une démarche pour le suivre ! Quel opprobre pour lui de marcher devant nous, et de n'avoir personne qui le suive !

III. Que dirai-je au jour du jugement, quand on viendra à me confronter avec mon modèle ? Quand on opposera la vie de Jésus à la mienne, son humilité à mon orgueil, ses plaies à mes délicatesses, sa douceur à mes emportements, etc. Ah ! quel monstre ! chrétien sans christianisme ! baptisé, et esclave du démon ! sous le caractère de la croix, partisan de la chair et du monde ! il faut donc que je renonce à mon baptême et à ma profession de chrétien, ou que je conforme ma vie à celle de mon Sauveur. Le christianisme n'est, à le bien définir, que l'imitation de J. C. dans sa vie et dans sa mort.

« Voyez s'il paraît en vous quelque trait du Fils de Dieu ; et si, à vous voir agir comme vous faites, on peut vous prendre pour un disciple de Jésus. »

« Mon divin Maître, je vous suivrai en quelque lieu que vous alliez. »

— MATTH. 8.

« C'est à tort que je me dis chrétien, si je ne marche sur les vestiges de Jésus-Christ. »

— S. BERN.

XXX. JOUR. DE LA DÉVOTION ENVERS NOTRE-DAME.

I. Un chrétien peut-il avoir un cœur indifférent pour Marie. Un cœur qui ne l'aime pas, est indigne de vivre et de rien aimer. Dieu ne saurait faire une pure créature plus excellente, plus aimable, et meilleure pour moi. Quelle estime, quel amour, quelle confiance ne lui dois-je point ?

II. Quand par malheur, toutes mes autres dévotions seraient perdues, je conserverai celle-ci jusqu'à la mort. En quelques désordres que je sois, j'aurai recours à la Sainte Vierge pour obtenir, par son entremise, la grâce d'une véritable conversion. Quand je serais à demi dans l'enfer, j'espèrerais en la Reine du ciel. Personne ne peut périr entre les bras de Marie.

III. C'est à son trône que les plus criminels appellent de toutes leurs causes. On peut sûrement opposer à la justice de Dieu, la miséricorde de la Mère de Dieu. Elle met sa gloire à faire du bien ; et c'est une partie de sa félicité dans le ciel, que d'obtenir la grâce des pécheurs les plus endurcis. Que ne fera-t-elle point, pour ses fidèles serviteurs ? La mère de miséricorde, et ma bonne mère, pourrait-elle se résoudre à signer la sentence de ma condamnation ? Ah ! nous sommes en possession de sa bonté depuis plus de dix-sept cents ans : commencerait-elle aujourd'hui à se démentir et à tromper nos espérances ? La plus grande injure que nous lui puissions faire, et le plus grand malheur pour nous, est de ne plus l'invoquer, ou de nous défier de sa bonté. Quand je cesserai de servir Marie, je me tiendrai perdu.

« Consacrez-vous tout de nouveau au service de la Sainte Vierge, et dites au fond du cœur :

« Régnez sur nous, vous et votre Fils. »

— JUD. 8.

« Marie : Ô nom sous lequel personne ne doit désespérer de son salut ! »

— S. AUG.

XXXI. JOUR. DE LA FERVEUR DANS LE SERVICE DE DIEU.

I. Ayons autant de zèle pour Dieu qu'il en a pour nous ; travaillons à notre salut avec autant d'ardeur qu'il y a travaillé lui-même. Il n'agit au dehors de soi que pour la perfection de nos âmes. Tous les désirs de son cœur, tous les soins de sa providence, toutes les tendresses de sa miséricorde aboutissent à cela. Quel sujet de confusion pour les âmes tièdes !

II. À juger de Dieu par notre lâcheté, on dirait qu'il ne mérite pas d'être servi, et que ses récompenses sont fort peu de chose. Quelle idée peut-on avoir d'un maître que ses domestiques servent lâchement et sans affection ? Nous déshonorons Dieu, et nous décrions son service, toutes les fois que nous faisons avec négligence ce qu'il désire de nous. Malheur à l'homme qui fait l'œuvre de Dieu négligemment !

III. Une action faite pour Dieu, quelque petite qu'elle soit, vaut mille fois plus que toutes celles des héros, et des conquérants. Si l'on se pique de tant de courage en travaillant pour la vanité, que ne doit-on pas faire en travaillant pour l'éternité ? Hé quoi ! les serviteurs du démon ne s'épargnent point, ils ne se rebutent de rien, ils ne se plaignent jamais, quelque peine qu'ils endurent ! J. C. est-il moins considérable que les démons ? le paradis vaut-il moins que l'enfer ? Ah ! l'enfer sera désormais mon école ! Aimer Dieu comme les damnés le haïssent, servir Dieu comme on sert le monde et le démon, est-ce trop ?

« Examinez votre conduite dans le service de Dieu : voyez les actions où vous êtes plus lâche, et animez-vous à les faire dorénavant d'une manière qui soit digne du maître que vous servez. »

« Soyons fervents, c'est le Seigneur que nous servons. »

— ROM. 12.

« Ayez pour le Créateur du monde les mêmes ardeurs que vous avez eues pour le monde. »

— SAINT AUG.

*

---

* Le texte original comporte étonnamment deux journées supplémentaires que vous trouverez ici en note :
XXXII. JOUR De la dévotion envers saint Joseph.
I. Le Saint-Esprit a fait en deux mots le panégyrique de saint Joseph, quand il l'a appelé l'époux de Marie et le père de Jésus. Il semble que Dieu ne puisse élever plus haut une pure créature sans la faire égale à Jésus ou à Marie. Être une même personne avec la Mère de Dieu, et tenir la place du Père Éternel parmi les hommes, c'est la dignité la plus éminente dont un homme soit capable.
II. Ce grand saint est l'intendant et le dispensateur des trésors du ciel. Il faut s'adresser à lui pour obtenir ce que nous demandons. Les choses qui sont impossibles dans le cours ordinaire de la Providence, deviennent aisées par son entremise. J. C. ne peut rien refuser dans le ciel à celui à qui il a voulu être soumis sur la terre.
III. Ce qui doit augmenter notre dévotion envers saint Joseph, c'est qu'il n'a pas moins de bonté que de pouvoir. Comme père du Sauveur et époux de Notre-Dame, il regarde tous les fidèles comme ses enfants. Après avoir rendu tant de bons offices à Jésus et à Marie, comment refuserait-il son assistance à ceux que Marie aime tendrement, et pour qui Jésus est mort ?

« Mettez votre âme en dépôt entre les mains de saint Joseph, et demandez tous les jours à Dieu la grâce d'une bonne mort, par les mérites de celui qui a eu le bonheur de mourir entre les bras de Jésus et de Marie. »

« Adressez-vous à Joseph. » —Gen. 41.

« Un saint qui a été si puissant sur la terre, doit l'être bien plus dans le ciel. » — S. Bern.

XXXIII. JOUR. De la dévotion envers les Anges.

I. C'est la croyance commune de l'Église, que chaque homme a un ange tutélaire. Quel honneur serait-ce à un pauvre villageois, si un prince du sang prenait soin de lui et de ses affaires par l'ordre du roi ! mais quelle bonté à ces esprits bienheureux de s'attacher avec plaisir à garder des misérables pécheurs comme nous ! Il y a de la proportion entre un villageois et un prince : il n'y en a point entre un homme et un ange.

II. Nos anges gardiens sont toujours à nos côtés, ils ne nous perdent jamais de vue ; ils sont témoins de nos plus secrètes actions. Si nous étions toujours en la compagnie d'une personne d'honneur, nous n'oserions rien faire, ni rien dire qui fût contre la bienséance. Un homme mérite-t-il plus de respect et plus de considération qu'un Ange ?

III. Ces esprits célestes oublient en quelque façon ce qu'ils sont pour nous servir. Quels services ne nous rendent-ils point ? Ils nous donnent les lumières dont nous avons besoin pour notre conduite ; ils offrent nos prières à Dieu, et en font sans cesse pour nous ; ils nous consolent dans les disgrâces qui nous arrivent ; ils écartent les dangers qui nous menacent ; ils nous fortifient dans les tentations ; ils nous défendent contre nos ennemis ; ils nous excitent à toute heure à la pénitence et à l'amour de Dieu ; ils nous avertissent souvent au milieu de nos désordres et dans la chaleur du crime ; ils nous châtient quelquefois eux-mêmes : enfin, ils n'épargnent rien pour ménager notre salut ; c'est l'affaire qu'ils ont le plus à cœur. Ne sommes-nous pas indignes de leurs soins, si nous n'avons de la dévotion pour eux ?

« Recommandez-vous à votre bon Ange ; priez-le surtout de vous assister dans les occasions du péché et à l'heure de votre mort. »

« Dieu a ordonné à ses anges de vous garder pendant tout le temps de votre vie. » — Ps. 90.

« En quelque lieu que vous soyez, souvenez-vous du respect que vous devez à votre ange gardien. » — S. Bern.

LES SEPT PSAUMES DE LA PÉNITENCE

Ant. Ne reminiscaris.

PSAUME 6.

Seigneur, ne me reprenez pas dans votre fureur, et ne me châtiez pas dans votre colère.

Ayez pitié de moi, Seigneur, parce que je suis faible ; guérissez-moi, Seigneur, parce que mes os sont ébranlés.

Mon âme est agitée d'un grand trouble ; mais vous, Seigneur, jusqu'à quand ferez-vous durer cette épreuve ?

Revenez à moi, Seigneur, et délivrez mon âme : sauvez-moi à cause de votre miséricorde.

Car nul ne se souvient de vous parmi les morts ; et qui vous louera au fond du tombeau ?

Je m'épuise à force de gémir ; je baigne mon lit de mes pleurs toute la nuit, et je le perce de mes larmes.

L'indignation et la douleur ont obscurci mes yeux ; j'ai vieilli au milieu de tous mes ennemis.

Retirez-vous de moi, vous tous qui commettez l'iniquité ; car le Seigneur a écouté la voix de mes pleurs.

Le Seigneur a écouté ma prière ; le Seigneur a exaucé mes vœux.

Que tous mes ennemis rougissent, et soient saisis de frayeur ; qu'ils prennent la fuite, et qu'ils soient couverts de honte.

Gloire au Père, etc.

PSAUME. 31.

Heureux ceux dont les iniquités sont effacées, et dont les péchés sont pardonnés.

Heureux l'homme à qui le Seigneur n'impute point de péché, et dont l'esprit est exempt de dissimulation.

Tant que je ne vous ai point avoué ma faute, j'ai poussé la nuit et le jour des cris, dont mes os ont été affaiblis.

Mon péché me plongeait dans la dernière affliction ; c'était pour moi une épine qui me causait les plus cuisantes douleurs.

Enfin je vous ai confessé ma faute, et je ne vous ai point caché mon injustice.

J'ai dit : Il faut que je confesse contre moi-même mes offenses au Seigneur, et vous m'avez remis l'impiété de mon crime.

C'est ce qui portera tous les Saints à vous prier dans le temps propre à trouver miséricorde.

Et lors même que les grandes eaux déborderont, elles n'arriveront pas jusqu'à eux.

Vous êtes mon asile contre les maux qui me pressent. Ô Dieu, qui êtes ma joie, délivrez-moi des ennemis qui m'environnent.

Je vous donnerai l'intelligence, me dites-vous : je vous enseignerai le chemin où vous devez marcher ; j'arrêterai mes regards sur vous.

Ne devenez pas semblable au cheval et au mulet, animaux sans intelligence.

Il faut que vous les reteniez avec le mors et la bride pour les rendre dociles, et empêcher qu'ils n'échappent.

Les afflictions préparées au pécheur sont en grand nombre ; mais la miséricorde environnera celui qui espère dans le Seigneur.

Justes, réjouissez-vous dans le Seigneur, et tressaillez d'allégresse ; glorifiez-vous en lui, vous tous qui avez le cœur droit.

Gloire au Père, etc.

PSAUME 37.

Seigneur, ne me reprenez pas dans votre fureur, et ne me châtiez pas dans votre colère.

Car vos flèches ont fait en moi de profondes blessures, et votre main s'est appesantie sur moi.

Votre colère ne laisse aucune partie saine dans ma chair ; la vue de mes péchés me trouble jusque dans la moelle de mes os.

Mes iniquités sont comme des flots qui m'ont submergé : c'est un pesant fardeau qui m'accable, et sous lequel je succombe.

La pourriture et la corruption se sont formées dans mes plaies : la violence de mon mal est un effet de mon égarement et de ma folie.

Courbé et abattu sous le poids de ma misère, je marche tout le jour avec un visage triste et défiguré.

Je sens dans mes flancs une ardeur qui me brûle, et je n'ai plus aucune partie saine dans mon corps.

Je suis tout languissant et tout brisé ; mon cœur pousse des sanglots et des gémissements.

Seigneur, vous voyez où tendent tous mes désirs, et le gémissement de mon âme ne vous est point caché.

Mon cœur est dans le trouble et l'inquiétude ; mes forces m'abandonnent, et mes yeux sont éteints.

À la vue de mes plaies, mes amis et mes proches se sont retirés de moi.

Ceux qui m'étaient le plus attachés se sont éloignés de moi ; pour mes ennemis, ils ne s'occupent que des moyens d'attenter à ma vie.

Ceux qui méditent ma ruine ont recours au mensonge et concertent tout le jour de nouveaux artifices pour me perdre.

Mais je suis comme un sourd qui n'entend point ; je suis comme un muet qui n'ouvre point la bouche.

Je suis comme un homme qui n'a point d'oreilles pour entendre, ni de langue pour répliquer.

Mais vous répondrez pour moi, Seigneur mon Dieu ; vous m'exaucerez, puisque j'ai mis mon espérance en vous.

Je vous ai dit : Que je ne sois point un sujet de joie pour mes ennemis, ils ont parlé insolemment contre moi lorsqu'ils ont vu mes pieds chancelants.

Cependant je suis prêt à tout souffrir, et mon péché, qui est la cause de ma douleur, est toujours présent à mes yeux.

Je reconnais publiquement mon péché, et je ne cesse de le détester.

Cependant mes ennemis sont pleins de vie, leur puissance s'accroît, et le nombre de ceux qui me haïssent injustement s'augmente tous les jours. Ceux qui rendent le mal pour le bien me déchirent par leurs calomnies, quoique mes vues soient conformes à la justice.

Seigneur, ne m'abandonnez pas : ô mon Dieu, ne vous éloignez pas de moi.

Mon Seigneur et mon Dieu, hâtez-vous de me secourir.

Gloire au Père, etc.

PSAUME 50.

Ayez pitié de moi, mon Dieu, selon l'étendue de votre miséricorde.

Et effacez mon iniquité, selon la grandeur et la multitude de vos bontés.

Lavez-moi de mon iniquité de plus en plus, et purifiez-moi de mon péché.

Car je reconnais mon iniquité ; et ma faute est toujours présente à mes yeux.

C'est contre vous seul que j'ai péché ; j'ai commis le mal en votre présence ; pardonnez-moi afin que vous soyez reconnu fidèle dans vos promesses et irréprochable en vos jugements.

Vous savez que j'ai été engendré dans l'iniquité, et que ma mère m'a conçu dans le péché.

Vous voulez que l'on soit à vous du fond du cœur, et vous m'avez instruit des mystères de votre sagesse.

Purifiez-moi donc avec l'hysope, et alors je serai pur ; lavez-moi, et je deviendrai plus blanc que la neige.

Faites-moi entendre une parole de consolation et de joie, et mes os, que vous avez brisés, tressailliront d'allégresse.

Détournez vos yeux pour ne plus voir mes offenses, et effacez tous mes péchés.

Créez en moi un cœur pur, ô mon Dieu, et renouvelez au fond de mes entrailles l'esprit de droiture et de justice.

Ne me rejetez pas de votre présence, et ne retirez pas de moi votre Esprit saint.

Rendez-moi la joie de votre assistance salutaire, et fortifiez-moi par votre Esprit souverain.

J'apprendrai vos voies aux pécheurs, et les impies se convertiront à vous.

Ô Dieu, ô Dieu, mon Sauveur, délivrez-moi des peines que méritent mes actions sanguinaires, et ma langue publiera avec joie votre justice.

Seigneur, vous ouvrirez mes lèvres, et ma bouche annoncera vos louanges.

Si vous aimiez les sacrifices, je vous en offrirais ; mais les holocaustes ne sont pas ce que vous demandez.

Le sacrifice que Dieu demande est un esprit pénétré de douleur. Vous ne mépriserez pas, ô mon Dieu, un cœur contrit et humilié.

Par un effet de votre bonté, Seigneur, répandez vos bénédictions sur Sion, et bâtissez les murs de Jérusalem.

Vous agréerez alors les sacrifices de justice, les offrandes et les holocaustes ; alors on vous offrira des victimes d'actions de grâces sur votre autel.

Gloire au Père, etc.

PSAUME 101.

Seigneur, écoutez ma prière, et que mes cris montent jusqu'à vous.

Ne détournez pas votre visage de dessus moi ; en quelque temps que ce soit dans l'affliction, prêtez l'oreille à ma voix.

En quelque jour que je vous invoque, hâtez-vous de m'exaucer.

Car mes jours se sont évanouis comme la fumée, et mes os se sont séchés comme du bois à demi consumé par le feu.

Semblable à l'herbe fauchée, je suis tombé dans une extrême langueur ; parce que j'ai oublié de prendre ma nourriture.

À force de gémir et de soupirer, mes os tiennent à ma peau.

Je suis devenu semblable au pélican des déserts et au hibou qui n'habite que les lieux solitaires

Je passe la nuit sans dormir ; et je me trouve comme un passereau qui est tout seul sur un toit.

Tous les jours mes ennemis me couvrent d'opprobres ; et ceux qui autrefois me comblaient de louanges, me chargent à présent d'imprécations.

Je mange la cendre comme le pain ; et ce que je bois est arrosé de mes larmes.

Je sens le poids de votre colère et de votre indignation ; car, après m'avoir élevé, vous m'avez renversé par terre.

Mes jours se sont écoulés comme l'ombre, et je suis devenu sec comme l'herbe.

Pour vous, Seigneur, vous demeurez éternellement, et la mémoire de votre nom passera de siècle en siècle.

Vous paraîtrez enfin, et vous aurez pitié de Sion, puisque le temps est venu d'avoir compassion d'elle, ce temps que vous avez marqué vous-même.

Car les pierres de Sion sont chères à vos serviteurs, et ils s'attendrissent sur ses ruines.

Les nations craindront votre nom, Seigneur, et tous les rois de la terre publieront vôtre gloire.

Lorsque vous aurez rebâti Sion, et que vous y aurez fait éclater votre puissance ! Le Seigneur a tourné ses regards sur la prière des humbles, et il n'a pas méprisé leurs demandes.

Vos merveilles, ô mon Dieu, passeront jusqu'aux races futures, et la postérité la plus éloignée en rendra gloire à votre nom.

Le Seigneur a regardé du fond de son sanctuaire ; il a daigné jeter les yeux sur la terre.

Pour écouter les gémissements des captifs, pour tirer des liens ceux qui étaient condamnés à la mort,

Afin qu'ils célèbrent son nom dans Sion, et qu'ils chantent ses louanges dans Jérusalem,

Lorsque les peuples et les rois se réuniront dans son enceinte pour servir le Seigneur.

Dans l'attente de vos jugements, ô mon Dieu, votre serviteur vous a dit : Apprenez-moi le peu de jours qu'il me reste à vivre.

Ne me retirez pas du monde au milieu de ma course : vos années dureront dans la suite de tous les âges.

Seigneur, vous avez créé la terre au commencement du monde, et les cieux sont l'ouvrage de vos mains.

Ils périront, mais vous demeurerez.

Ils vieilliront comme un vêtement, et vous leur ferez changer de forme comme à un manteau.

Pour vous, vous serez toujours le même, et vos années ne finiront pas.

Les enfants de vos serviteurs auront enfin une habitation stable et leur postérité subsistera toujours en votre présence.

Gloire au Père, etc.

PSAUME 120.

Du fond de l'abîme, Seigneur, je pousse des cris vers vous ! Seigneur, écoutez ma voix.

Que vos oreilles soient attentives à la voix de ma prière.

Si vous tenez un compte exact des iniquités, ô mon Dieu, qui pourra, Seigneur, subsister devant vous ?

Mais vous êtes plein de miséricorde, et j'espère en vous, Seigneur, à cause de votre loi.

Mon âme attend reflet de vos promesses ; mon âme a mis toute sa confiance dans le Seigneur.

Que depuis le matin jusqu'au soir Israël espère dans le Seigneur.

Car le Seigneur est rempli de bonté, et on trouve en lui une rédemption abondante.

C'est lui qui rachètera Israël de toutes ses iniquités.

Gloire au Père, etc.

PSAUME 142.

Seigneur, écoutez ma prière, prêtez l'oreille à mon humble demande selon votre promesse : exaucez-moi selon votre justice.

Mais n'entrez point en jugement avec votre serviteur, parce que nul homme vivant ne sera trouvé innocent devant vous.

L'ennemi me poursuit pour mêler la vie : déjà il m'a renversé par terre.

Il m'a obligé de demeurer dans des lieux obscurs, comme ceux qui sont morts depuis longtemps : mon esprit est dans la détresse, et mon cœur est saisi de trouble et d'effroi.

Je me rappelle le souvenir des jours anciens ; je repasse dans mon esprit toutes vos merveilles ; je médite sur les œuvres de votre puissance.

J'élève les mains vers vous, et mon âme vous attend comme une terre sèche attend la pluie.

Seigneur, hâtez-vous de m'exaucer, car mon esprit tombe dans la défaillance.

Ne détournez pas de moi votre visage : autrement je deviendrais semblable à ceux qui descendent dans le tombeau.

Faites-moi entendre dès le matin la voix de votre miséricorde : parce que j'ai mis en vous mon espérance.

Faites-moi connaître la voie par laquelle je dois marcher, parce que je tiens mon âme élevée vers vous.

Délivrez-moi de mes ennemis, Seigneur, puisque j'ai recours à vous ; enseignez-moi à faire votre volonté, car vous êtes mon Dieu.

Que votre Esprit plein de bonté me conduise par un chemin droit. Seigneur, faites-moi vivre selon les règles de votre justice, pour la gloire de votre nom.

Tirez mon âme de l'affliction, et que votre bonté pour moi ôte à mes ennemis le pouvoir et la volonté de me nuire.

Confondez les desseins de tous ceux qui affligent mon âme ; parce que je suis votre serviteur.

Gloire au Père, etc.

Ant. Seigneur, ne vous souvenez point de nos fautes, ni de celles de nos proches, et ne prenez pas vengeance de nos péchés.

A Paris. Seigneur, souvenez-vous de moi, et ne tirez point vengeance des péchés que j'ai commis contre vous : ne vous souvenez point de mes fautes, ni de celles de mes proches.

LITANIES DES SAINTS

Seigneur, ayez pitié de nous.
Christ, ayez pitié de nous.
Seigneur, ayez pitié de nous.
Christ, écoutez-nous.
Christ, exaucez-nous.
Dieu le Père, des cieux où vous êtes assis, ayez pitié de nous ;
Dieu le Fils, Rédempteur du monde, ayez pitié de nous.
Dieu le St. Esprit, ayez pitié de nous.
Trinité sainte, qui êtes un seul Dieu, ayez pitié de nous.
Sainte Marie, priez pour nous.
Ste. Mère de Dieu, Sainte Vierge des Vierges, priez pour nous.
S. Michel, priez pour nous.
S. Gabriel, priez pour nous.
S. Raphaël, priez pour nous.
Tous les saints Anges et Archanges, priez pour nous.
Tous les saints Ordres des Esprits bienheureux, priez pour nous.
S. Jean-Baptiste, priez pour nous.
Tous les SS. Patriarches et Prophètes, priez pour nous.
S. Pierre, priez pour nous.
S. Paul, priez pour nous.
S. André, priez pour nous.

S. Jacques, priez pour nous.
S. Jean, priez pour nous.
S. Thomas, priez pour nous.
S. Jacques, priez pour nous.
S. Philippe, priez pour nous.
S. Barthélemi, priez pour nous.
S. Matthieu, priez pour nous.
S. Simon, priez pour nous.
S. Thadée, priez pour nous.
S. Matthias, priez pour nous.
S. Barnabé, priez pour nous.
S. Luc, priez pour nous.
S. Marc, priez pour nous.
Tous les SS. Apôtres et Évangélistes, priez pour nous.
Tous les saints Disciples du Seigneur, priez pour nous.
Tous les saints Innocents, priez pour nous.
S. Étienne, priez pour nous.
S. Laurent, priez pour nous.
S. Vincent, priez pour nous.
S. Fabien et saint Sébastien, priez pour nous.
Saint Jean et saint Paul, priez pour nous.
S. Côme et saint Damien, priez pour nous.
S. Gervais et saint Protais, priez pour nous.
Tous les SS. Martyrs, priez pour nous.
S. Sylvestre, priez pour nous.
S. Grégoire, priez pour nous.
S. Ambroise, priez pour nous.
S. Augustin, priez pour nous.
S. Jérôme, priez pour nous.
S. Martin, priez pour nous.
S. Nicolas, priez pour nous.
Tous les saints Évêques et Confesseurs, priez pour nous.
Tous les SS. Docteurs, priez pour nous.
S. Antoine, priez pour nous.
S. Benoît, priez pour nous.
S. Bernard, priez pour nous.

S. Dominique, priez pour nous.
S. François, priez pour nous.
Tous les SS. Prêtres et Lévites, priez pour nous.
Tous les SS. Moines et Hermites, priez pour nous.
Ste. Marie-Magdeleine, priez pour nous.
Ste. Agathe, priez pour nous.
Ste. Luce, priez pour nous.
Ste. Agnès, priez pour nous.
Ste. Cécile, priez pour nous.
Ste. Catherine, priez pour nous.
Ste. Anastasie, priez pour nous.
Toutes les saintes Vierges et Veuves, priez pour nous.
Tous les saints et saintes de Dieu, intercédez pour nous.
Soyez-nous propice ; Seigneur, pardonnez-nous nos péchés.
Soyez-nous propice ; Seigneur, exaucez nos prières.
De tout mal, délivrez-nous, Seigneur.
De tout péché, délivrez-nous, Seigneur.
De votre colère, délivrez-nous, Seigneur.
De la mort subite et imprévue, délivrez-nous, Seigneur.
Fils de Dieu, écoutez-nous, s'il vous plaît.
Agneau de Dieu, qui ôtez les péchés du monde, pardonnez-nous, Seigneur.
Agneau de Dieu, etc.
Agneau de Dieu, etc.
Pater noster, etc.

ORAISON.

Ô Dieu, dont le propre est de faire toujours miséricorde, et de pardonner, recevez notre très-humble prière, selon la douceur de votre clémence, pour nous délivrer également avec tous vos serviteurs, des chaînes, où l'énormité de nos péchés nous a réduits. Par J. C. etc.

VÊPRES DU DIMANCHE

Deus, in adjutorium meum intende.
Domine ad adjuvandum me festina. Gloria Palri, et Filio, etc.

PSAUME 109.

Le Seigneur a dit à mon Seigneur : Asseyez-vous à ma droite.

Et je réduirai vos ennemis à vous servir de marche-pied.

Le Seigneur fera sortir de Sion, le sceptre de votre règne : dominez au milieu de vos ennemis.

Vous serez reconnu pour Roi au jour de votre force, lorsque vous paraîtrez dans l'éclat et dans la splendeur de votre sainteté : je vous ai engendré de mon sein avant l'étoile du matin.

Le Seigneur a juré, et son serment demeurera immuable : vous êtes le Prêtre éternel selon l'ordre de Melchisédech.

Le Seigneur est à votre droite : il frappera les rois au jour de sa colère.

Il jugera les nations, et les détruira : il brisera sur la terre la tête de plusieurs.

Il boira dans le chemin de l'eau du torrent : et par-là il élèvera sa tête.

Ant. Le Seigneur a dit à mon Seigneur : Asseyez-vous à ma droite.

PSAUME 110.

Seigneur, je vous louerai de tout mon cœur, dans les assemblées particulières et publiques des justes.

Les ouvrages du Seigneur sont grands, et toujours proportionnés à ses desseins.

Tous ses ouvrages publient ses louanges et sa magnificence : et sa justice est éternelle.

Le Seigneur tout bon et tout miséricordieux a éternisé la mémoire de ses merveilles : il a donné la nourriture à ceux qui le craignent.

Il se souviendra dans tous les siècles de son alliance : il montrera à son peuple sa toute-puissance dans ses œuvres.

En leur donnant l'héritage des nations, la vérité et la justice éclatent dans les ouvrages de ses mains.

Toutes ses ordonnances sont stables : elles sont immuables dans tous les siècles, comme fondées sur la vérité et l'équité.

Il a envoyé à son peuple un Sauveur pour le racheter : il a rendu son alliance éternelle.

Son nom est saint et redoutable : la crainte du Seigneur est le commencement de la sagesse.

Tous ceux qui font ce que cette crainte prescrit, ont la vraie intelligence : la louange du Seigneur subsistera dans toute l'éternité.

Ant. Toutes ses ordonnances sont inviolables ; elles sont immuables dans tous les siècles.

PSAUME 111.

Heureux celui qui craint le Seigneur : il prendra un souverain plaisir à observer ses commandements.

Sa postérité sera puissante sur la terre : la race des justes sera comblée de bénédictions.

La gloire et les richesses sont dans sa maison, et sa justice demeurera éternellement.

La lumière se lève au milieu des ténèbres, sur ceux qui ont le cœur droit : le Seigneur est clément, miséricordieux et juste.

Heureux celui qui donne et qui prête : il réglera ses discours selon la justice, et il ne sera jamais ébranlé.

La mémoire du juste sera éternelle : il ne craindra pas, quelque mal qu'on lui annonce.

Son cœur est toujours disposé à espérer au Seigneur : il est inébranlable, et il attend avec confiance la chute de ses ennemis.

Il répand libéralement ses dons sur les pauvres : sa justice demeure éternellement, il sera élevé en gloire.

Le méchant le verra, et il frémira de colère ; il grincera des dents, et séchera de dépit : mais le désir des pécheurs périra.

Ant. Celui qui craint le Seigneur, prend un souverain plaisir à observer ses commandements.

PSAUME 112.

Louez le Seigneur, vous qui êtes ses serviteurs, louez le nom du Seigneur.

Que le nom du Seigneur soit béni maintenant et dans toute l'éternité.

Le nom du Seigneur doit être loué depuis l'orient jusqu'à l'occident.

Le Seigneur est élevé au-dessus de toutes les nations : sa gloire est au-dessus des siècles.

Qui est semblable au Seigneur notre Dieu, qui habite dans un lieu si haut, et qui regarde ce qu'il y a de plus bas dans le ciel et sur la terre !

Qui tire l'indigent de la poussière, et relève le pauvre de dessus son fumier,

Pour le placer avec les princes : avec les princes de son peuple.

Qui donne à celle qui était stérile, la joie de se voir mère de plusieurs enfants.

Ant. Que le nom du Seigneur soit béni dans l'éternité.

PSAUME 113.

Lorsqu'Israël sortit de l'Égypte, et la maison de Jacob du milieu d'un peuple étranger.

Juda fut consacré au service du Seigneur, et Israël fut son domaine.

La mer le vit, et elle s'enfuit : le Jourdain remonta vers sa source.

Les montagnes sautèrent comme des béliers : et les collines comme des agneaux.

Ô mer, pourquoi fuyais-tu ? et toi, Jourdain, pourquoi remontais-tu vers ta source ?

Montagnes, pourquoi sautiez-vous comme des béliers ; et vous collines, comme des agneaux ?

La terre a tremblé à la vue du Seigneur, à la vue du Dieu de Jacob.

Qui changea la pierre en des torrents d'eau, et la roche en des fontaines abondantes.

Ne nous en donnez point la gloire, Seigneur, ne nous la donnez point : donnez-la seulement à votre nom, à cause de votre miséricorde, et de votre fidélité dans vos promesses.

Que les nations ne disent donc plus : Où est leur Dieu ?

Car notre Dieu est dans le Ciel : il a fait tout ce qu'il a voulu.

Les idoles des nations ne sont que de l'or et de l'argent, et l'ouvrage de la main des hommes.

Elles ont une bouche, et ne parlent point : elles ont des yeux, et ne voient point.

Elles ont des oreilles, et n'entendent point : elles ont des narines, et ne sentent rien.

Elles ont des mains, et ne peuvent rien toucher ; elles ont des pieds, et ne marchent point : leur gosier ne peut proférer le moindre son.

Que ceux qui les font leur deviennent semblables, avec ceux qui mettent en elles leur confiance.

La maison d'Israël a espéré au Seigneur : il est son secours et son protecteur.

La maison d'Aaron a espéré au Seigneur : il est son secours et son protecteur.

Ceux qui craignent le Seigneur, mettent en lui leur confiance : il est leur secours et leur protecteur.

Le Seigneur s'est souvenu de nous, et il nous a bénis.

Il a béni la maison d'Israël : il a béni la maison d'Aaron.

Il bénira ceux qui le craignent, grands et petits.

Le Seigneur veuille augmenter ses grâces sur vous, sur vous et sur vos enfants.

Puissiez-vous être les bénis du Seigneur, qui a fait le ciel et la terre.

Le Seigneur s'est réservé le plus haut des cieux, et a donné la terre aux enfants des hommes.

Les morts ne vous loueront point, Seigneur, ni ceux qui descendent dans l'enfer.

Mais nous qui sommes vivants, nous bénissons le Seigneur depuis ce temps jusqu'à jamais.

Ant. Nous qui sommes vivants, nous bénissons le Seigneur.

CAPITULE. ÉPHES, 1.

Béni soit Dieu, le Père de N. S. J. C. qui nous a comblés en J. C. de toutes sortes de bénédictions spirituelles pour le ciel ; comme il nous a élus en lui avant la création du monde, par l'amour qu'il a eu pour nous, afin que nous fussions saints et irrépréhensibles à ses yeux.

LES DIMANCHES D'APRÈS LA PENTECÔTE.

HYMNE.

Dieu suprême, qui vous cachez dans une lumière inaccessible aux faibles mortels, vous devant qui les saints Anges tremblent et se prosternent.

Nous sommes ici-bas comme plongés dans les plus profondes ténèbres, en attendant que le beau jour de l'éternité dissipe par sa lumière, l'obscurité de cette nuit.

Vous nous le préparez, Seigneur, vous nous le réservez, ce beau jour, dont la clarté du soleil n'est qu'une ombre et une faible représentation.

Vous vous arrêtez, hélas ! vous êtes trop longtemps à venir, jour si désiré ; et pour jouir de vous, il faut nous décharger du poids accablant de ce corps de mort.

Ô Dieu, lorsque notre âme débarrassée de ses liens, sera envolée vers vous, elle ne cessera de vous voir, de vous louer, de vous aimer.

Trinité, infiniment libérale, qui nous comblez de vos dons, rendez-nous disposés à toute bonne œuvre ; et faites succéder à la lumière si courte de cette vie, le grand jour de l'éternité. Ainsi soit-il.

CANTIQUE DE LA VIERGE. LUC. I.

Mon âme glorifie le Seigneur.

Et mon esprit est ravi de joie en Dieu mon Sauveur.

Parce qu'il a regardé la bassesse de sa servante : car désormais tous les siècles m'appelleront bienheureuse.

Pour les grandes choses que le Tout-Puissant a faites en ma faveur, son nom est saint.

Et sa miséricorde se répand de race en race sur ceux qui le craignent.

Il a déployé la force de son bras ; il a dissipé les desseins que les superbes forment dans leurs cœurs.

Il a renversé les grands de leurs trônes, et il a élevé les petits.

Il a rempli de biens ceux qui souffraient la faim, et il a renvoyé vides et pauvres ceux qui étaient riches.

Il a pris sous sa protection Israël son serviteur, se ressouvenant de sa miséricorde.

Selon la promesse qu'il a faite à nos pères, à Abraham et à sa postérité pour toujours.

L'OFFICE DE L'IMMACULÉE CONCEPTION DE LA SAINTE-VIERGE

CORRIGÉ PAR LE MAÎTRE DU SACRÉ PALAIS, ET APPROUVÉ PAR NOTRE SAINT PÈRE LE PAPE INNOCENT XI, L'AN 1678.

A MATINES.

Ouvrez-vous, mes lèvres, ouvrez-vous pour chanter les louanges et les grandeurs de la bienheureuse Vierge Marie.

℣. Venez à mon secours, puissante Reine.

℟. Délivrez-moi des mains de mes ennemis.

Gloire soit au Père, au Fils, et au Saint-Esprit, maintenant, comme au commencement et toujours, et dans tous les siècles des siècles.

Ainsi soit-il.

HYMNE.

Je vous révère, Maîtresse du monde, Reine des Cieux, Vierge des Vierges, Étoile du matin.

Je vous révère, Marie, pleine de grâces, lumière divine, hâtez-vous de secourir le Monde, vous qui en êtes la souveraine.

Le Seigneur vous a prédestinée de toute éternité pour être la Mère du Verbe incarné, son Fils unique, par qui toutes choses ont été créées,

La terre, la mer et les cieux, et qui pour vous rendre la digne épouse, a orné votre âme d'une beauté incomparable, que le péché d'Adam ne souilla jamais.

℣. Dieu l'a choisie et prédestinée.

℟. Il lui a préparé une demeure dans son tabernacle.

℣. Exaucez ma prière, divine Reine.

℟. Et que mes vœux parviennent jusqu'à vous.

PRIONS.

Sainte Marie, Reine du Ciel, Mère de Notre Seigneur Jésus-Christ, souveraine Maîtresse de l'Univers, qui n'abandonnez et ne méprisez personne, daignez jeter sur moi vos yeux de miséricorde ; et obtenez-moi de votre cher Fils le pardon de tous mes péchés, afin qu'avant honoré, comme je le fais de tout mon cœur, le mystère de votre IMMACULÉE Conception, je puisse jouir du bonheur éternel, par la miséricorde de votre Fils notre Seigneur Jésus-Christ, qui vit et règne avec le Saint-Esprit dans tous les siècles des siècles. Ainsi soit-il.

℣. Exaucez ma prière, divine Reine.

℟. Et que mes vœux parviennent jusqu'à vous.

℣. Bénissons le Seigneur.

℟. Grâces immortelles lui soient rendues.

Que les âmes des Fidèles trépassés reposent en paix par la miséricorde de Dieu. Ainsi soit-il.

A PRIME.

℣. Venez à mon secours, puissante Reine.

℟. Délivrez-moi des mains de mes ennemis.

Gloire soit au Père, et au Fils, et au Saint-Esprit, maintenant, comme au commencement et toujours, et dans tous les siècles des siècles.

Ainsi soit-il.

HYMNE.

Je vous révère, Vierge incomparable, pleine de la sagesse divine, digne Temple du Dieu vivant, enrichi de tous les ornements dont ceux du temple de Salomon ne furent que de faibles figures.

Vous avez été sainte avant que de naître, et préservée de la corruption commune au reste des hommes.

Vous êtes la Mère des vivants, la porte du ciel, la Reine des Anges, la nouvelle Étoile de Jacob qui annonçait le salut du Monde.

Vous êtes la terreur des démons, notre défense dans les combats qu'ils nous livrent ; le refuge et le port assuré des fidèles.

Ainsi soit-il.

℣. Dieu l'a créée et remplie de son Esprit.

℣. Exaucez ma prière, divine Reine.

℟. Et que mes vœux parviennent jusqu'à vous.

PRIÈRE.

Sainte Marie, reine du Ciel, etc., *comme ci-devant à Matines, avec les versets suivants.*

A TIERCE.

℣. Venez à mon secours, puissante Reine.

℟. Délivrez-moi des mains de mes ennemis.

Gloire soit au Père, etc.

HYMNE.

Je vous révère, divine Marie, arche de la nouvelle alliance, arche du véritable Salomon, signe de la paix et de la réconciliation entre Dieu et les hommes, figurée par l'arc-en-ciel, par le buisson ardent,

Par la verge fleurie d'Aaron, par la toison de Gédéon, par la porte fermée d'Ézéchiel, par le rayon de miel de Samson.

Il était de la gloire du Verbe éternel votre Fils, de préserver la mère qu'il s'était choisie du péché originel, et de ne pas souffrir qu'une mère si noble et si élevée fût asservie à l'infamie du péché.

Ainsi soit-il.

℣. Je fais ma demeure au plus haut des cieux.

℟. Et une colonne de nuées environne mon trône.

℣. Exaucez ma prière, divine Reine.

℟. Et que mes vœux parviennent jusqu'à vous.

PRIÈRE.

Sainte Marie, reine du ciel, etc., *comme ci-devant, à Matines.*

A SEXTE.

℣. Venez à mon secours, puissante Reine.

℟. Délivrez-moi des mains de mes ennemis.

Gloire soit au Père, etc. ;

HYMNE.

Je vous révère, Vierge et Mère tout ensemble. Temple auguste de l'adorable Trinité, la joie des Anges, le centre de la pureté, la consolation des affligés, le jardin de délices du S. Esprit, le modèle de la patience et de la chasteté, figurée par le palmier et par le cèdre.

Vous fûtes toujours, et dès le premier moment de votre être, une terre de bénédiction et de sainteté, exempte de la malédiction du péché originel.

Vous êtes la demeure du Très-haut, la mystérieuse porte orientale par où le Rédempteur est venu à nous : ô Vierge incomparable, toutes les grâces et les dons du ciel sont réunis en vous. Ainsi soit-il.

℣. Comme le lis entre les épines,

℟. Ainsi ma bien-aimée entre les enfants d'Adam.

℣. Exaucez ma prière, divine Reine.

℟. Et que mes vœux parviennent jusqu'à vous.

PRIÈRE.

Sainte Marie, reine du ciel, etc., *comme ci-devant, à Matines.*

A NONE.

℣. Venez à mon secours, puissante Reine.
℟. Délivrez-moi des mains de mes ennemis.
Gloire soit au Père, etc.

HYMNE.

Je vous révère, divine Reine, notre refuge, notre asile, figurée par la tour de David, où se trouvent toutes les armes pour combattre les ennemis de notre salut.

Dès le premier instant de votre Conception immaculée, embrasée du feu de la charité, vous avez triomphé de la puissance du dragon infernal, vous l'avez détruit et mis en poussière.

Ô femme véritablement forte, invincible Judith, plus sage et plus belle qu'Abisaïe, vous avez mérité l'amour et la tendresse du véritable David.

Rachel a été mère du Sauveur de l'Égypte, et Marie a porté dans son sein le Rédempteur de tout le monde. Ainsi soit-il.

℣. Vous êtes toute belle, ma bien-aimée.
℟. La tache originelle ne ternit jamais votre beauté.
℣. Exaucez ma prière, divine Reine.
℟. Et que mes vœux parviennent jusqu'à vous.

PRIÈRE.

Sainte Marie, Reine du ciel, etc., *comme ci-devant, à Matines.*

VÊPRES.

℣. Venez à mon secours, puissante Reine.
℟. Délivrez-moi des mains de mes ennemis.
Gloire soit au Père, etc.

HYMNE.

Je vous révère, divine Vierge, dans le sein de laquelle le soleil de justice a pour ainsi dire rétrogradé : en se faisant homme, le Verbe éternel s'est fait chair.

L'immense s'est abaissé au-dessous des Anges, pour retirer l'homme de l'enfer, et l'élever jusqu'au ciel.

C'est des rayons de ce divin Soleil que Marie est toute éclatante : et au moment de sa Conception, elle brille déjà comme l'aurore naissante.

Elle est comme le lis entre les épines, et dès le premier moment de sa vie, elle écrase la tête du serpent : elle est belle comme la Lune, et sa lumière éclaire ceux qui sont dans les ténèbres de l'erreur. Ainsi, etc.

℣. C'est moi qui ai fait naître dans le ciel une lumière qui ne s'éteint jamais,
℟. Et j'ai couvert toute la terre comme une nuée bienfaisante.
℣. Exaucez ma prière, divine Reine
℟. Et que mes vœux parviennent jusqu'à vous.

PRIÈRE.

Sainte Marie, Reine du ciel, etc., *comme ci-devant, à Matines.*

A COMPLIES.

℣. Convertissez-nous, divine Marie, par vos prières.
℟. Apaisez la juste colère de votre Fils Jésus-Christ ; et rendez-nous-le favorable.
℣. Venez à mon secours, puissante Reine.

℟. Délivrez-moi des mains de mes ennemis.
Gloire soit au Père, etc.

HYMNE.

Je vous révère, Vierge incomparable, ornée des fleurs de toutes les vertus et de tous les dons de la grâce, Mère toujours Vierge, Reine de miséricorde, couronnée d'étoiles.

Plus pure et plus sainte que tous les Anges, vous êtes dans le ciel à la droite du Roi de gloire, revêtue de ce qu'il a dans ses trésors de plus précieux.

Ô mère de grâce, ô douce espérance des pécheurs ! Étoile de la mer ; port assuré de ceux qui ont fait naufrage.

Porte du ciel toujours ouverte, le salut des pauvres malades, faites que, par votre intercession, nous jouissions un jour de la vue du Roi de gloire dans le séjour des bienheureux.

Ainsi soit-il.

℣. Votre nom, divine Marie, est comme un baume répandu.

℟. Vos serviteurs trouvent leurs délices dans le tendre amour qu'ils ont pour vous.

℣. Exaucez ma prière, divine Reine.

℟. Et que mes vœux parviennent jusqu'à vous.

PRIÈRE.

Sainte Marie, Reine du Ciel, etc., *comme ci-devant, à Matines.*

On termine l'Office par les Prières suivantes.

Prosternés à vos pieds, digne Vierge, nous vous offrons ces Cantiques de louanges. Daignez, ô Mère de bonté et de miséricorde, être notre conductrice durant le cours de cette vie, et nous assister à l'heure de la mort. Ainsi soit-il.

Ant. C'est ici cette admirable Vierge qui n'a contracté ni le péché originel ni le plus léger péché actuel.

℣. Vous avez été conçue sans péché, divine Vierge.

℟. Priez pour nous Dieu le Père, dont vous avez engendré le Fils.

PRIÈRE.

Ô Dieu, qui en préservant la très-Sainte Vierge du péché originel, avez préparé à votre Fils une digne demeure dans le sein de cette Vierge immaculée, nous vous supplions que, comme vous l'avez préservée de tout péché par les mérites prévus de la mort de ce même Fils, vous daigniez aussi, par son intercession, nous faire la grâce d'arriver jusqu'à vous, purifiés de tous nos péchés, par N. S. J. C. Ainsi soit-il.

PRIÈRES DIVERSES

PRIÈRE QUI SE DIT AUX SALUTS PENDANT L'AVENT.

Ô Cieux ! envoyez votre rosée sur la terre, et que le juste descende d'en-haut, comme une pluie longtemps attendue et ardemment désirée.

Seigneur, ne faites pas davantage éclater votre colère contre votre peuple, ne vous souvenez plus de nos iniquités. Vous voyez comme la ville où est votre sanctuaire est devenue déserte : Sion est changée en une solitude. Jérusalem est dans une entière désolation.

Ce lieu où vous avez fait paraître votre Sainteté et votre gloire, et où nos pères ont loué votre nom, est profané par vos ennemis. Ô Cieux, etc.

Nous avons péché, et nous sommes devenus semblables à un lépreux ; nous sommes tombés comme la feuille, et nos péchés, comme un vent impétueux, nous ont enlevés et dispersés sur la terre. Vous nous avez caché votre visage, et vous nous avez brisés, en nous abandonnant à notre propre iniquité.

Jetez les yeux, Seigneur, sur la misère de votre peuple, et envoyez à son secours celui que vous devez envoyer. Faites sortir de la pierre du désert, et paraître sur la montagne de la fille de Sion, l'Agneau qui doit être le maître du monde, afin qu'il nous délivre du joug de la servitude dont nous sommes accablés. Ô Cieux, etc.

Consolez-vous, consolez-vous, mon peuple, celui qui doit opérer votre salut viendra bientôt : pourquoi vous laissez-vous consumer par la tristesse, et comment la douleur vous a-t-elle défiguré ? Je vous sauverai, ne craignez point que je vous abandonne.

Car je suis le Seigneur votre Dieu, le Saint d'Israël, et le Rédempteur qui vous a été promis, et qui ne manquera pas de vous délivrer. Ô Cieux, etc.

HYMNE POUR LE TEMPS DE NOËL.

Accourez, peuple fidèle ; livrez-vous aux plus vifs transports de joie ; venez, venez à Bethléem.

Venez voir le Roi des Anges, qui vient de naître ; accourez à sa crèche, adorons-le ; venez, adorons le souverain Maître de l'Univers.

Voici que des bergers, dociles à la voix d'un Ange, quittent leurs troupeaux, et vont promptement se prosterner devant le berceau de ce divin Enfant.

(Le Ch. répète *Venez..., etc.*)

Le cœur plein d'une sainte joie, suivons ces Bergers ; accourez à sa crèche, adorons-le, venez, adorons le souverain Maître de l'Univers.

Nous verrons J. C., la splendeur éternelle du Père céleste, caché sous les voiles d'une chair mortelle.

(Le Ch. répète *Venez..., etc.*)

Accourez, adorons ce Dieu enfant, enveloppé de langes ; venez, adorons-le ; venez adorons le souverain Maître de l'Univers.

Pénétrés de la plus vive piété, embrassons ce saint Enfant, couché sur un peu de paille, et qui se fait pauvre pour nous enrichir de ses dons précieux.

(Le Ch. répète *Venez..., etc.*)

Qui serait assez ingrat pour ne pas aimer un Dieu qui nous témoigne tant d'amour ? Accourez, adorons-le ; venez, adorons le souverain Maître de l'Univers.

PRIÈRE AU SAINT-ESPRIT, AVANT LES EXERCICES DE PIÉTÉ, LE TRAVAIL, ETC.

Venez, Esprit saint, remplissez les cœurs de vos fidèles, et allumez-y le feu de votre amour.

℣. Envoyez votre Esprit, et ils seront créés.

℟. Et vous renouvellerez la face de la terre.

PRIONS.

Ô Dieu qui avez instruit et éclairé les cœurs de vos fidèles par la lumière du Saint-Esprit, faites que le même esprit nous donne le goût et l'amour du bien, et qu'il nous remplisse toujours de la joie de ses divines consolations, par Notre Seigneur Jésus-Christ. Ainsi soit-il.

PRIÈRE À LA SAINTE VIERGE. APRÈS LES EXERCICES DE PIÉTÉ, LE TRAVAIL, ETC.

Nous nous mettons sous votre protection, sainte Mère de Dieu : ne méprisez pas les prières que nous vous adressons dans nos besoins ; mais délivrez-nous sans cesse de tous les périls, ô Vierge comblée de gloire et de bénédictions.

Prière de St-Bernard à la Ste. Vierge.

Souvenez-vous, ô très-pieuse Vierge Marie, qu'on n'a jamais ouï dire qu'aucun de ceux qui ont eu recours à votre protection, imploré votre secours et demandé vos suffrages, ait été abandonné. Animé d'une pareille confiance, ô Vierge des Vierges, je cours à vous, et gémissant sous le poids de mes péchés, je me prosterne à vos pieds. Ô Mère du Verbe, ne méprisez pas mes prières ; mais écoutez-les favorablement, et daignez les exaucer.

PRIÈRE À STE. GENEVIÈVE, PATRONNE DE PARIS.

Glorieuse patronne de Paris, vous qui pendant votre sainte vie avez été son salut et sa gloire, et depuis votre bienheureuse mort sa consolation et son refuge, je viens vous adresser avec confiance des vœux que vous avez souvent exaucés ; vos prières ont souvent détourné de cette contrée les guerres, la famine, la peste et tous les fléaux qui menaçaient ou qui dévoraient déjà l'héritage de Jésus-Christ. Hélas ! une contagion bien plus funeste nous désole : l'insouciance, l'impiété, l'endurcissement gagnent tous les cœurs. Vous qui avez préservé nos pères des fureurs d'un roi barbare, nous laisserez-vous en proie à l'ennemi du salut ? Nous abandonnerez-vous aux ravages de l'incrédulité, de l'irréligion et de l'erreur ? Ah ! je vous en conjure, obtenez-nous la conservation et le renouvellement de la foi, la conversion des âmes et leur retour aux vertus chrétiennes. Nous sommes vos concitoyens, notre patrie fut la vôtre. Elle a joui longtemps de vos dépouilles révérées : elle ne conserve plus que votre tombeau, mais Dieu peut encore le rendre glorieux par les miracles de sa miséricorde. Obtenez-nous cette grâce par les mérites de Jésus-Christ. Ainsi soit-il.

LITANIES DE LA PROVIDENCE

Seigneur, ayez pitié de nous.
Jésus-Christ, ayez pitié de nous.
Seigneur, ayez pitié de nous.
Jésus-Christ, écoutez-nous.
Jésus-Christ, exaucez-nous.
Père céleste, qui êtes Dieu, ayez pitié de nous.
Fils, Rédempteur du monde, qui êtes Dieu, ayez pitié de nous.
Esprit saint, qui êtes Dieu, ayez pitié de nous.
Providence de Dieu, digne objet de l'amour des Anges et des hommes
Providence de Dieu, conduite par le cœur de Jésus-Christ,
Providence de Dieu, qui gouvernez tout avec nombre, poids et mesure,
Providence de Dieu, espérance de notre salut,
Providence de Dieu, consolation de l'âme pèlerine,
Providence de Dieu, chemin du Ciel,
Providence de Dieu, guide fidèle de l'âme dans tous les dangers, pour nous les faire éviter,
Providence de Dieu, digne dispensatrice des grâces,
Providence de Dieu, trésor inépuisable de tous biens,
Providence de Dieu, soutien des Justes,

Providence de Dieu, espérance des pécheurs les plus délaissés,
Providence de Dieu, refuge des misérables,
Providence de Dieu, recours dans tous les besoins,
Providence de Dieu, calme dans les tempêtes.
Providence de Dieu, repos du cœur,
Providence de Dieu, asile des affligés,
Providence de Dieu, remède efficace à toutes sortes de maux,
Providence de Dieu, qui nourrissez ceux qui ont faim,
Providence de Dieu, source de rafraîchissement,
Providence de Dieu, appui des pauvres,
Providence de Dieu, soutien de la veuve et de l'orphelin,
Providence de Dieu, attribut divin qui méritez nos hommages,
℣. Nous exaltons, Seigneur, votre Providence.
℟. Et nous nous soumettons à tous ses décrets sur nous.

ORAISON.

Ô Dieu éternel, qui ne dédaignez pas de jeter les regards de votre Providence sur nous, pour nous conduire, tout indignes que nous sommes : accordez-nous, s'il vous plaît, la grâce que nous nous abandonnions si absolument à tous les desseins de cette même Providence sur nous, pendant le cours muable de cette vie, que nous puissions arriver à l'immutabilité des biens célestes Par Notre Seigneur Jésus-Christ. Ainsi soit-il.

ACTE DE SOUMISSION AUX DESSEINS DE LA PROVIDENCE.

Que* m'arrivera-t-il aujourd'hui, ô mon Dieu ? je n'en sais rien. Tout ce que je sais, c'est qu'il ne m'arrivera rien que vous n'ayez prévu, réglé et ordonné de toute éternité. Cela me suffit, ô mon Dieu, cela me suffit ; j'adore vos desseins éternels et impénétrables, je m'y soumets de tout mon cœur pour l'amour de vous. Je veux tout, j'accepte tout, je vous fais un sacrifice de tout, et j'unis ce sacrifice à celui

---

* Cette Prière fut composée par Madame ELISABETH, Sœur de Louis XVI.

de Jésus-Christ, mon divin Sauveur. Je vous demande en son nom, et par ses mérites infinis, la patience dans mes peines, et la parfaite soumission qui vous est due pour tout ce que vous voulez ou permettez. Ainsi soit-il.

✝ *Fiat, laudetur, atque in aeternum superexaltetur justissima, altissima, et amabilissima voluntas Dei in omnibus.*

Que la très-juste, très-élevée, et très-aimable volonté de Dieu soit accomplie en toutes choses, qu'elle soit louée et à jamais glorifiée.

✝ « Il faut réciter cette prière avec l'intention de gagner les indulgences que Sa Sainteté, notre saint Père le Pape Pie VII a accordées par un rescrit du 2 mai 1800. »

ACTES DES VERTUS THÉOLOGALES

Acte de Foi.

Mon Dieu, je crois fermement tout ce que la sainte Église catholique, apostolique et romaine m'ordonne de croire, parce que c'est vous, ô vérité infaillible, qui le lui avez révélé.

Acte d'Espérance.

Mon Dieu, j'espère avec une ferme confiance que vous me donnerez, par les mérites de Jésus-Christ, votre grâce en ce monde, et, si j'observe vos commandements, votre gloire dans l'autre ; parce que vous me l'avez promis, et que vous êtes souverainement fidèle dans vos promesses.

Acte de Charité.

Mon Dieu, je vous aime de tout mon cœur et par-dessus toutes choses, parce que vous êtes infiniment bon et infiniment aimable ; j'aime mon prochain comme moi-même, pour l'amour de vous.

Nota. *« Benoît XIV, en 1756, a accordé à tous les fidèles : 1.° Sept ans d'indulgences à chaque fois qu'ils formeront ces actes de bouche et dans leur cœur ; 2.° indulgence plénière une fois chaque mois ; 3.° une pareille indulgence, à l'article de la mort, à tous ceux qui auront été fidèles à faire une fois chaque jour ces trois actes, en y joignant le motif de ces trois vertus. »*

PRIÈRE POUR LE RENOUVELLEMENT DES VŒUX DU BAPTÊME

Grâces vous soient rendues, ô mon Dieu, pour le don ineffable que vous m'avez fait. J'étais dans les ténèbres, et vous m'en avez tiré pour m'appeler à votre admirable lumière. J'étais mort par le péché, et vous, mon Dieu, qui êtes riche en miséricorde, vous m'avez rendu la vie en J. C. par l'eau de la régénération. J'étais, par ma naissance, enfant de colère, et vous m'avez rendu participant de la Nature divine, par le renouvellement du Saint-Esprit que vous avez répandu sur moi avec une riche effusion ; afin qu'étant justifié par votre grâce, je devienne héritier de la vie éternelle. Qu'il est juste que je vous aime, ô mon Père ! puisque vous m'avez tant aimé le premier. Et comment, après être mort au péché, serais-je assez malheureux pour vivre encore dans le péché ! que je n'oublie jamais, mon Dieu, qu'en recevant le baptême de J. C., je me suis dépouillé du vieil homme qui se corrompt en suivant l'illusion de ses passions, et que j'ai été revêtu de l'homme nouveau, qui est J. C. même. Que je n'aime donc ni le monde, ni ce qui est dans le monde, mais qu'ayant le bonheur d'être à J. C., je crucifie ma chair avec ses passions et ses désirs de réglés. Que je vive par l'esprit de J. C. et que je sois dans les mêmes dispositions et les mêmes sentiments où il a été. Que je sois devant vous, ô mon Dieu ! comme un enfant nouvellement né, éloigné de toutes sortes de malices, de tromperies et de dissimulations, et soupirant ardemment après le lait spirituel et tout pur de votre parole, qui me fasse paraître pour le salut. Ne permettez pas que j'attriste jamais par le péché votre Esprit saint, dont vous m'avez marqué comme d'un sceau, et que vous m'avez donné pour arrhes de l'immortalité qui m'a été promise. Que je porte, par votre grâce, les fruits de toutes sortes de bonnes œuvres ; afin qu'après avoir vécu d'une manière digne de vous, j'arrive au royaume et à la gloire à laquelle vous m'avez appelé. Ainsi soit-il.

AMENDE HONORABLE AU SACRÉ CŒUR DE JÉSUS.

Ô Cœur adorable de mon Sauveur et de mon Dieu, toujours embrasé d'amour pour les hommes, et toujours outragé par leur ingratitude, pénétré de la plus vive douleur à la vue des injures que vous avez reçues, et que vous recevez encore tous les jours dans le sacrement de l'Eucharistie, je me prosterne devant vous pour vous en faire amende honorable aux pieds des saints autels : que ne puis-je, par mes profonds hommages, réparer votre honneur méprisé ! Que ne puis-je effacer de mes larmes et de mon sang tant d'irrévérences, de profanations et de sacrilèges dont le souvenir me remplit d'horreur ! Ô que ma vie serait bien employée, si je pouvais la donner pour un si digne sujet. Accordez-moi, ô mon Dieu, dans votre infinie miséricorde, le pardon que je vous demande pour tous les ennemis de votre saint nom, les hérétiques, les impies, les libertins, pour tant de Chrétiens qui vous déshonorent, et surtout pour moi-même qui vous ai si souvent outragé. Souvenez-vous que votre cœur adorable, portant le poids de mes péchés, a été triste jusqu'à la mort : ne permettez pas que vos souffrances et votre sang me soient inutiles ; anéantissez mon cœur criminel, et m'en donner un selon le vôtre, un cœur contrit et humilié, un cœur pur et sans tache, un cœur qui ne soit désormais qu'une victime consacrée à votre gloire et embrasée du feu sacré de votre amour. De ma part, je promets de réparer dans la suite, par ma modestie dans les Églises, par mon assiduité à vous visiter, par ma dévotion et ma ferveur à vous recevoir, les irrévérences et les sacrilèges que je déplore dans l'amertume de mon cœur. Pour vous rendre mes hommages plus agréables, je les unis aux adorations des Anges qui sont toujours prosternés aux pieds des sacrés tabernacles ; exaucez mes vœux, ô cœur sacré de mon Jésus, et ne rejetez pas un pécheur qui revient sincèrement à vous, dans le désir d'être tout à vous, à vous seul et pour toujours. Ainsi soit-il.

PRIÈRES POUR LES AGONISANTS

Procurer au prochain les secours de la Religion est un devoir que la charité prescrit dans toutes les circonstances. Mais il devient bien plus rigoureux et plus indispensable au moment qui décide du salut éternel. Y manquer, c'est se rendre coupable de la perte des âmes pour lesquelles Jésus-Christ est mort, attirer sur soi la malédiction de Dieu, et par une pitié cruelle et des craintes presque toujours mal fondées, laisser tomber ses parents et ses amis dans l'abîme du désespoir éternel. Si donc quelque malade qui vous intéresse se trouve en danger, surmontez par la charité une sensibilité funeste : empressez-vous d'avertir le Curé ou le Confesseur du malade, préparez-le vous-même, par des pensées et des sentiments capables de réveiller sa foi et sa confiance, à la visite du ministre de J. C. Si le Ciel vous le conserve, il vivra pour bénir Dieu de votre charité ; si Dieu l'appelle à lui, il vous devra les consolations et la paix d'une bonne mort.

Lorsque le malade touchera à ses derniers moments, récitez pour lui les Prières suivantes :

Seigneur, faites-lui miséricorde.

Jésus-Christ, faites-lui miséricorde.

Sainte Marie, priez pour lui ou pour elle.

Saints Anges et Archanges, priez pour lui.

Saint Abel, priez pour lui.

Tous les chœurs des justes, priez pour lui.
Saint Abraham, priez pour lui.
S. Jean-Baptiste, priez pour lui.
Saints Patriarches et saints Prophètes, priez pour lui.
Saint Pierre, priez pour lui.
Saint Paul, priez pour lui.
Saint André, priez pour lui.
Saint Jean, priez pour lui.
Saints Apôtres et Évangélistes, priez pour lui.
Saints Disciples du Seigneur, priez pour lui.
Saints Innocents, priez pour lui.
Saint Étienne, priez pour lui.
Saint Laurent, priez pour lui.
Saint Denys et vos Compagnons, priez pour lui.
Saint Sylvestre, priez pour lui.
Saint Augustin, priez pour lui.
Saint Benoît, priez pour lui.
Saint François, priez pour lui.
Saints Confesseurs, priez pour lui.
Sainte Thècle, priez pour lui.
Sainte Marie Madeleine, priez pour lui.
Sainte Luce, priez pour lui.
Sainte Geneviève, priez pour lui.
Saintes Vierges, priez pour lui.
Saints et Saintes de Dieu, intercédez pour lui.
Rendez-vous propice, pardonnez-lui, Seigneur.
Rendez-vous propice, secourez-le, Seigneur.
Rendez-vous propice, délivrez-le, Seigneur.
De votre colère, délivrez-le, Seigneur.
De la mauvaise mort, délivrez-le, Seigneur.
Des peines de l'enfer, délivrez-le, Seigneur.
De la puissance de Satan, délivrez-le, Seigneur.
Par le mérite de votre naissance, délivrez-le, Seigneur.
Par le mérite de votre croix et de votre Passion, délivrez-le, Seigneur.

Par le mérite de votre mort et de votre Sépulture, délivrez-le, Seigneur.

Par le mérite de votre glorieuse Résurrection, délivrez-le, Seigneur.

Par le mérite de votre admirable Ascension, délivrez-le, Seigneur.

Par la grâce de votre Saint-Esprit Consolateur, délivrez-le, Seigneur.

Au jour du jugement, délivrez-le, Seigneur.

Nous vous prions, écoutez-nous, quoique nous soyons pécheurs.

Nous vous prions de lui pardonner, écoutez-nous, Seigneur.

Seigneur, ayez pitié de nous.

Jésus-Christ, ayez pitié de nous.

Seigneur, ayez pitié de nous.

PRIÈRES POUR LA RECOMMANDATION DE L'ÂME.

Sortez, âme chrétienne, sortez de ce monde, au nom de Dieu le Père tout-puissant qui vous a créée ; au nom de J C. Fils du Dieu vivant, qui a souffert pour vous ; au nom de l'Esprit saint qui est descendu sur vous ; au nom des Anges et des Archanges ; au nom des Trônes et des Dominations ; au nom des Principautés et des Puissances ; au nom des Patriarches et des Prophètes ; au nom des saints Apôtres et des Évangélistes ; au nom des saints Martyrs et des Confesseurs ; au nom des saints Religieux et des Hermites ; au nom des Vierges ; au nom de tous les Saints et de toutes les Saintes de Dieu. Habitez aujourd'hui dans le lieu de la paix ; que Sion, la Cité céleste, soit votre demeure. Nous demandons pour vous cette grâce par les mérites de Jésus-Christ. Ainsi soit-il.

PRIONS.

Seigneur, Dieu de miséricorde, Dieu de bonté, vous à qui les larmes, d'un pécheur pénitent sont si agréables, que vous lui pardonnez toutes ses fautes, quelque grandes qu'elles soient ; vous qui oubliez même que ce pécheur vous a offensé, et qui ne considérez que son repentir, jetez des yeux de miséricorde sur votre serviteur *N* (ou sur votre servante *N*) ; il avoue ses fautes, il vous en demande pardon de tout son cœur, exaucez-le ; Père plein de clémence, renouvelez en lui (ou en elle) ce que la fragilité humaine, ou la malice de l'esprit tentateur a pu corrompre ou gâter dans son âme. Unissez, attachez au corps de l'Église ce membre que vous avez racheté, voyez ses gémissements, considérez ses larmes, qu'elles vous attendrissent. Toute sa confiance est en vous, il (ou elle) n'espère qu'en votre bonté ; ouvrez-lui, Seigneur, la porte qui conduit au salut ; admettez-le à la grâce d'une parfaite réconciliation : nous vous en prions par Jésus-Christ notre Seigneur. Ainsi soit-il.

Je vous recommande, mon très-cher frère, au Dieu tout-puissant : je vous remets entre les mains de votre Créateur ; afin qu'après que vous aurez payé par votre mort la dette commune de la nature humaine, vous retourniez à votre Créateur qui vous a formé du limon de la terre. Que la troupe glorieuse des Anges, vienne au-devant de votre âme lorsqu'elle sortira de votre corps. Que le Sénat des Apôtres, qui doit juger avec Dieu tout l'Univers, vous fasse un accueil favorable. Que l'armée triomphante des Martyrs se réjouisse à votre arrivée. Que l'éclatante compagnie des Confesseurs vous environne. Que le chœur des Vierges vous conduise dans la maison du céleste Époux avec des cantiques de joie. Qu'admis dans le sein d'Abraham, tous les Patriarches vous félicitent et vous embrassent. Que Jésus-Christ se montre à vous avec un visage plein de douceur et d'allégresse, qu'il vous place au rang de ceux qui doivent toujours être auprès de lui. Puissiez-vous ignorer tout ce que les ténèbres, les flammes et les tourments ont d'horrible et d'insupportable. Que le démon et ses ministres se reconnaissent vaincus, vous voyant arriver en la compagnie des Anges. Que cette troupe infernale aille se précipiter dans l'abîme, dès que vous paraîtrez. (Que Dieu se lève et que ses ennemis soient dissipés ; que ceux qui l'ont méprisé, fuient de devant sa face ; qu'ils se dissipent comme la fumée ; que les pécheurs périssent en présence de Dieu, comme la cire coule et se fond devant le feu ; que les Justes, au contraire, se réjouissent, et qu'ils triomphent). Que tous les démons soient confondus, que la honte les porte à se cacher dans leurs sombres demeures, et qu'ils vous laissent libre le chemin du Ciel. Que Jésus-Christ qui a souffert pour vous, vous épargne tout supplice en l'autre monde : il est mort pour votre salut ; qu'il vous sauve donc de la peine éternelle ; qu'il vous place dans son Paradis, pour y jouir des délices spirituelles que rien ne pourra troubler ; que ce Pasteur charitable vous reconnaisse pour une de ses brebis ; qu'il vous pardonne vos péchés, et qu'il vous mette à sa droite, en la compagnie des Élus. Puissiez-vous voir votre Rédempteur face à face ; puissiez-vous contempler sans cesse ce Dieu de vérité : placé au rang des Bienheureux, allez goûter les douceurs et la joie de la contemplation divine dans tous les siècles des siècles. Ainsi soit-il.

Nous vous recommandons, grand Dieu, l'âme de votre serviteur (ou de votre servante). Nous vous prions, Sauveur du monde, de recevoir cette âme dans le sein des Patriarches Abraham, Isaac et Jacob. Vous êtes descendu pour elle du ciel en terre ; qu'elle jouisse de ce bienfait dans toute son étendue. Reconnaissez, Seigneur, votre créature qui n'a point été créée par des dieux étrangers, mais par vous, qui êtes le seul Dieu vivant et véritable, car il n'y a point d'autre Dieu que vous, et rien n'est comparable à vos ouvrages. Seigneur, faites jouir cette âme de votre présence ; ce n'est qu'en cela que consiste la joie solide et le vrai bonheur. Ne vous souvenez point de ses iniquités passées, et des excès où la violence et l'emportement de ses passions l'ont malheureusement engagée. Elle a péché, elle l'avoue ; mais elle ne vous a jamais nié, Trinité adorable, Père, Fils et Saint-Esprit : elle a eu du zèle pour vous, pour votre saint nom ; elle a été fidèle à vous adorer, ô Dieu créateur de toutes choses. Oubliez les péchés de sa jeunesse, ne vous ressouvenez que de votre miséricorde, et conduisez-la dans le séjour de la gloire. Nous vous demandons cette grâce par J. C. N. S., etc.

PRIÈRE INCONTINENT APRÈS LA MORT.

Saints de Dieu, venez à son secours ; Anges du Seigneur, venez au-devant de lui (ou d'elle), recevez son âme, présentez-la devant le Dieu Très-haut. Que Jésus-Christ, qui vous a appelé, vous reçoive, et que les Anges vous conduisent dans le sein d'Abraham devant le Dieu Trèshaut.

Seigneur, faites-lui miséricorde.
Jésus-Christ, faites-lui miséricorde.
Seigneur, faites-lui miséricorde.

Notre Père, etc.
Et ne nous induisez point en tentation,
Mais délivrez-nous du mal.
Donnez-lui, Seigneur, votre repos éternel.
Et faites luire sur lui (ou sur elle) votre éternelle lumière.
Qu'il (ou qu'elle) repose en paix.
Ainsi soit-il.
Seigneur, exaucez ma prière.
Et que mes cris s'élèvent jusqu'à vous.

PRIONS.

Nous vous recommandons, Seigneur, l'âme de votre serviteur (ou de votre servante), afin qu'étant mort (ou morte) au monde, il (ou elle) vive devant vous ; et par le pardon que votre bonté pleine de miséricorde lui accordera, daignez effacer les fautes que la fragilité humaine lui a fait commettre pendant le cours de sa vie mortelle ; par J. C. Notre Seigneur. Ainsi soit-il.

PORTRAIT DU VRAI CHRÉTIEN

C'est au Chrétien qu'il est dit : Regarde, et fais suivant le modèle qui t'a été montré sur la montagne. Ce modèle que le Chrétien doit copier, c'est Jésus-Christ. Ainsi on doit trouver dans les actions et la vie d'un Chrétien la vie et les actions de J. C., puisqu'un vrai Chrétien, suivant la pensée d'un Père, est un autre J. C.

Le Chrétien prie, comme J. C. sur la montagne, avec recueillement, avec humilité, avec confiance.

Il est accessible, comme J. C. l'était aux pauvres, aux ignorants, aux petits enfants ; il est sans fierté, sans prétention, sans hauteur. Il se fait tout à tous, pour les gagner tous.

Il converse, comme J. C. avec ses disciples : ses entretiens sont édifiants, charitables, assaisonnés de gravité, de douceur et de simplicité.

Il est humble, comme J. C. qui, à genoux, lava les pieds de ses Apôtres, et même ceux de Judas, dont il connaissait la perfidie : il se regarde comme le moindre de ses frères, et comme le serviteur de tous.

Il obéit, comme J. C. qui fut soumis à Marie et à Joseph, obéissant jusqu'à la mort et à la mort de la croix : il obéit à ses parents, à ses maîtres et à tous ses supérieurs, parce qu'il ne regarde en eux que Dieu, dont ils tiennent la place.

Il est dans ses repas, comme J. C. à Cana et Béthanie, sobre, tempérant, attentif aux besoins des autres, et plus occupé de la nourriture invisible que des viandes grossières dont se nourrit son corps.

Il est avec ses amis, comme J. C. avec Jean et Lazare ; il les aime en Dieu et pour Dieu ; il leur confie cordialement les secrets de son âme ; et, s'ils meurent à la grâce, il met tout en œuvre pour les ressusciter.

Il souffre les privations et la pauvreté, comme J. C. qui n'avait pas où reposer sa tête : les contradictions et les calomnies, comme J. C. celles des Scribes et des Pharisiens, laissant à Dieu le soin de le justifier : les affronts et les outrages, comme J. C. lorsqu'on lui donna un soufflet, qu'on lui cracha au visage, et qu'on insulta dans le Prétoire à sa royauté : les peines d'esprit, comme J. C. triste jusqu'à la mort au jardin des Oliviers, et abandonné de son Père dans son agonie : les peines de cœur, comme J. C. trahi par un de ses disciples, renié par un autre et délaissé par tous : les maladies et la mort, comme J. C. qui, la tête déchirée par les épines, le corps par les fouets, les pieds et les mains par les clous, remit en paix son âme entre les mains de son Père : de sorte qu'il peut dire, comme l'Apôtre saint Paul le disait de lui-même : Ce n'est pas moi qui vis, c est J. C. qui vit en moi.

HOC FAC ET VIVES.
UN DIEU,
UN MOMENT,
UNE ÉTERNITÉ.
Un dieu qui me regarde,
Un moment qui m'échappe,
Une éternité qui m'attend.
Un Dieu qui est tout,
Un moment qui n'est rien,
Une éternité qui ôte ou qui donne tout.
Un Dieu que je sers si peu,
Un moment que j'emploie si mal,
Une éternité que je risque à tout moment.
Ô DIEU !
Ô MOMENT !
Ô ÉTERNITÉ !

Éternité dans le Ciel ou Éternité dans l'Enfer :
Quelle alternative !...
Ô CIEL !... Ô ENFER !...

Si je n'y pense pas, je suis le plus malheureux des hommes. Si j'y pense sans me convertir, sans travailler à éviter l'enfer, à mériter le ciel, je suis de tous les hommes le plus coupable, le plus aveugle, le plus insensé, et un désespoir infini sera mon partage pendant toute l'éternité.

QUEL CRIME ! QUEL AVEUGLEMENT !... QUELLE FOLIE !...
QUEL DÉSESPOIR !...

PRIÈRES ET ACTES POUR LA CONFIRMATION

« Il ne suffit pas de réciter ces prières et ces actes le jour de la Confirmation ; il faut réciter ce qui regarde la préparation au moins une fois chaque jour pendant un mois, et ce qui regarde l'action de grâces une fois par semaine, ou au moins une fois chaque mois pendant toute la vie. »

PRÉPARATION.
Prière au Saint-Esprit.

Esprit et Saint, qui, malgré la faiblesse et les imperfections inséparables de l'enfance, ne dédaignez pas de venir habiter en moi, je m'humilie profondément à la vue de votre divine Majesté. Faites-moi la grâce de connaître de plus en plus la grandeur, l'excellence du bienfait que vous voulez m'accorder, afin que je redouble mes efforts pour vous bien recevoir : ou plutôt, Esprit de bonté, de pureté et d'amour, bannissez de mon cœur tout ce qui pourrait vous déplaire, et préparez vous-même votre demeure. Ainsi soit-il.

AVANT LA CONFIRMATION.
Prière pour demander les sept Dons du Saint-Esprit.

Dieu tout-puissant et éternel, vous avez daigné me régénérer dans l'eau et dans le Saint-Esprit, vous m'avez accordé la rémission de tous mes péchés. Mettez le comble à vos faveurs inestimables ; faites descendre sur moi l'Esprit de sagesse, qui me fasse mépriser les choses méprisables de ce monde, et aimer les biens éternels : l'Esprit d'intelligence, qui m'éclaire et me donne la connaissance de la religion ; l'Esprit de conseil, qui me fasse rechercher avec soin les moyens sûrs pour plaire à Dieu et arriver au Ciel ; l'Esprit de force, qui me fasse surmonter avec courage tous les obstacles qui s'opposent à mon salut ; l'Esprit de science, qui me rende éclairé dans les voies de Dieu ; l'Esprit de piété, qui me rende le service de Dieu doux et aimable ; l'Esprit de crainte, qui m'inspire pour Dieu un respect mêlé d'amour, et qui me fasse craindre de lui déplaire. Marquez-moi par votre miséricorde du signe de la croix de Jésus-Christ pour la vie éternelle ; faites enfin que portant la croix sur le front, je la porte aussi dans mon cœur ; et que vous confessant hautement devant les hommes, je mérite d'être reconnu et récompensé au jour terrible du jugement universel. Ainsi soit-il.

Acte de Foi.

Mon Dieu, je crois fermement que je vais recevoir votre Esprit saint dans le Sacrement de Confirmation ; je le crois parce que vous l'avez dit et que vous êtes la souveraine vérité, qui ne peut se tromper ni nous tromper.

Acte d'Espérance.

J'espère, ô mon Dieu, de votre bonté infinie, qu'en recevant, malgré mon indignité, votre Esprit saint. Je le recevrai avec toute l'abondance de ses grâces ; qu'il me rendra parfait Chrétien, et me donnera la force de confesser ma foi, même au péril de ma vie.

Acte d'Amour.

Je vous aime, ô mon Dieu, de tout mon cœur, de toute mon âme, de toutes mes forces, et par-dessus toutes choses, parce que vous êtes infiniment bon et infiniment aimable, et parce que vous m'allez accorder la grâce de recevoir votre Esprit saint dans le Sacrement de Confirmation : embrasez mon cœur de votre amour, et que j'y persévère jusqu'à la fin de mes jours.

Acte d'Humilité et de Contrition.

Esprit saint, vous allez donc vous donner à moi avec toute l'abondance de vos grâces ; qu'ai-je fait pour mériter cette insigne faveur ? Ou plutôt que n'ai-je pas fait pour m'en rendre indigne : résistances à vos saintes inspirations, infidélités à vos commandements, ingratitude à l'égard de vos plus signalés bienfaits, abus continuel de vos grâces... Voilà, mon Dieu, ce que je me reproche, ce que je déteste et détesterai jusqu'à mon dernier soupir. Pardon mille fois pardon ! daignez agréer les sentiments d'un cœur vraiment contrit, et humilié, et la ferme résolution de plutôt mourir que de jamais consentir à vous offenser.
Dites en français l'Hymne Veni Creator, etc.
Lorsque l'Évêque fait l'imposition des mains, inclinez-vous profondément pour recevoir le Saint-Esprit avec l'abondance de ses grâces, et répétez souvent la prière suivante :
Venez, Esprit saint, remplissez les cœurs de vos fidèles, et allumez-y le feu de votre amour.

APRÈS LA CONFIRMATION.
Acte de Remerciement.

Mon Dieu, quoique je ne sois pas capable de comprendre toute la grandeur des bienfaits que vous venez de m'accorder, en me communiquant votre Esprit saint, avec l'abondance de ses grâces, je vous en remercie cependant avec les sentiments les plus profonds de la plus vive reconnaissance : agréez, je vous conjure, les mouvements qui élèvent mon cœur vers vous, et les très-humbles actions de grâces que j'ose présenter à votre divine Majesté. Ce bienfait signalé, qui a imprimé dans mon âme le caractère de parfait chrétien, y restera gravé à jamais, et sera pour moi le motif pressant d'une éternelle reconnaissance.

Acte de Consécration.

Esprit de divin, qui par un pur effet de votre bonté et de votre miséricorde infinie, venez de vous donner tout entier à moi, malgré mon indignité, pourrais-je être assez ingrat pour ne pas me donner tout entier à vous ? Non, mon Dieu, il n'en sera pas ainsi ; recevez l'offrande que je vous fais de tout ce que je suis. Je vous consacre mon esprit avec toutes ses pensées, mon âme avec tous ses mouvements, mon cœur avec toutes ses affections : vous serez désormais le Dieu de mon cœur, et mon partage pour l'éternité. Achevez, divin Esprit, ce que vous avez commencé en moi ; fortifiez les pieux sentiments que vous m'avez inspirés, et faites que je brûle à jamais du feu sacré de votre amour.

Acte de Promesse.

Esprit saint, la glorieuse qualité de parfait chrétien, dont vous avez bien voulu m'honorer, est un nouveau motif qui doit m'engager à pratiquer avec encore plus de fidélité les maximes de l'Évangile. Le titre de chrétien m'imposait déjà cette obligation ; mais celui de parfait chrétien me la rend encore plus indispensable. Étant enfant de Dieu, disciple de Jésus-Christ, temple du Saint-Esprit, je ne dois plus reconnaître ni consulter d'autre loi que l'Évangile. Que le monde s'efforce tant qu'il voudra de m'éblouir par ses vanités, de me corrompre par ses maximes dangereuses : que la chair me fasse sentir ses funestes aiguillons, que le démon emploie pour me perdre toutes ses ruses, toute sa violence ; avec votre secours puissant, je triompherai de toutes les embûches que me tendront ces ennemis de mon salut. Je ne consulterai, je n'écouterai, je ne suivrai que les préceptes de l'Évangile. Et, pour apprendre de plus en plus à les connaître, je continuerai d'assister au catéchisme où j'ai été instruit dès ma tendre jeunesse ; je forme la résolution, moyennant la grâce de Dieu, d'y assister avec plus d'exactitude et de modestie, et de soutenir toujours par une vie régulière et chrétienne les caractères de chrétien et de parfait chrétien.

Acte de Demande.

Esprit saint, honoré que je suis de votre divine présence et comblé de vos dons, je me présente à vous avec confiance, pour vous supplier de me conserver l'abondance des grâces que vous avez daigné m'accorder. C'est un trésor bien précieux, mais je le porte dans un vase bien fragile ; sans votre bonté je n'aurais jamais reçu ces faveurs signalées ; sans votre puissante protection, je me vois exposé à chaque instant à le perdre. Je crois sentir un vrai désir de conserver ce précieux trésor ; mais je reconnais et je confesse humblement que je ne puis le faire sans votre secours. Esprit de force, fortifiez ma faiblesse, rendez-vous à mes vœux ardents, et faites que vos grâces demeurent en moi, autant que durera le caractère sacré que vous avez imprimé dans mon âme, c'est-à-dire, pendant tout le cours de ma vie, et pendant l'étendue infinie de l'éternité.

Prière pour demander les douze fruits du Saint-Esprit.

Esprit saint, amour éternel du Père et du Fils, daignez m'accorder le fruit de charité, qui m'unisse à vous par l'amour ; le fruit de joie, qui me remplisse d'une sainte consolation ; le fruit de paix, qui produise en moi la tranquillité de l'âme ; le fruit de patience, qui me fasse supporter doucement tout ce qui pourrait troubler la paix de mon âme ; le fruit de bénignité, qui me porte à soulager les nécessités de mon prochain ; le fruit de bonté, qui me rende bienfaisant envers tous ; le fruit de longanimité, qui fasse que je ne me rebute d'aucun délai ; le fruit de douceur, qui me fasse supporter en paix tout ce que le prochain a d'incommode ; le fruit de foi, qui m'engage à croire avec certitude sur la parole de Dieu ; le fruit de modestie, qui règle mon extérieur ; les fruits de continence et de chasteté, qui conservent mon corps dans la sainteté qui convient à votre temple ; afin qu'ayant conservé mon cœur pur sur la terre, je mérite de vous voir à jamais dans le séjour de la gloire. Ainsi soit-il.

Prière avant de sortir de l'Église.

Nous allons quitter, Seigneur, ce Temple saint où votre Esprit a daigné visiter nos âmes. Nous allons retourner au milieu de ce monde dont l'esprit contredit sans cesse l'esprit de J. C. Ne vous retirez pas de nous, ô Esprit saint ; ne nous abandonnez pas à sa malice ; que votre lumière nous guide, que votre amour nous embrase ! Ne permettez pas que nos fronts qui brillent encore de l'Onction sainte, rougissent de l'Évangile, ni que nos membres, devenus vos temples, soient déshonorés par le péché. Que jamais nos cœurs ne vous résistent ; au contraire, qu'ils soient toujours dociles aux impressions de votre grâce, parce que vous êtes l'Esprit de sagesse, l'Esprit de force et que vous seul pouvez nous faire accomplir ce qu'il vous plait de nous inspirer. Ainsi soit-il.

LE CHAPELET

Instruction. Le Chapelet est ordinairement composé de cinq dizaines d'*Ave Maria* ; c'est la troisième partie du Rosaire. Le Rosaire fut inspiré par la Sainte Vierge à saint Dominique, comme une pratique de dévotion fort utile pour ramener les hérétiques Albigeois : le saint s'en servait en effet avec beaucoup de succès, et ramena au sein de l'Église un grand nombre d'hérétiques. Les souverains Pontifes ont accordé un grand nombre d'indulgences à la récitation du saint Rosaire et du Chapelet.

Réflexion. Qui aime Jésus, doit aimer Marie ; qui aime Marie tendrement et de toute son âme, ne regrettera pas de l'honorer tous les jours, par une pratique si sainte et si respectable. Si nous voulons qu'elle nous obtienne de son Fils la couronne de gloire, faisons-nous un devoir de lui présenter cette espèce de couronne qu'elle a témoigné lui être si agréable.

Prière. Vierge sainte et immaculée dès le moment de votre Conception, recevez cet hommage que je vous présente comme à ma Protectrice, et à ma Patronne ; que je suis heureux de vous appartenir ! que ce Chapelet que je vous offre et que je vais réciter à l'intention de... et pour honorer le mystère de... soit comme une chaîne précieuse qui m'attache à votre Fils et à vous dans le temps et dans l'éternité.

Pratique. Pour bien réciter le Chapelet, on médite quelque

Mystère, sans s'arrêter aux paroles ; ou pour fixer davantage l'imagination, on s'arrête au sens des paroles. Il est peu de personnes qui ne puissent dire au moins une dizaine par jour, ou le petit Chapelet de l'Immaculée Conception, qui consiste en douze *Ave*, partagés par quatre, avec trois *Pater*. Ce n'est pas assez de le réciter, il est bon de le porter sur soi, le jour sous ses habits, la nuit au bras ou au cou. C'est comme une armure sacrée, redoutable au démon : c'est la livrée des serviteurs de Marie, et la marque de ses enfants.

Exemple. Le Père de la Rue, de la Compagnie de Jésus, a rapporté lui-même ce trait. Admis un jour à l'audience du roi (Louis XIV), il le trouva récitant son Chapelet (formé de gros grains). Le Père, témoignant une surprise accompagnée de sentiments respectueux d'édification, *ne soyez pas tant surpris*, reprit le Roi, *je me fais gloire de dire mon Chapelet ; c'est une pratique que je tiens de la Reine ma mère, et je serais fâché de manquer un seul jour sans m'en acquitter.*

MÉTHODE ABRÉGÉE POUR BIEN DIRE LE CHAPELET.

OFFRANDE DU CHAPELET.

Venez, Esprit saint, remplissez le cœur de vos Fidèles, et allumez-y le feu de votre divin amour.

Nous vous offrons, ô mon Dieu ! le chapelet que nous allons dire, pour vous remercier de toutes les grâces que vous avez faites à la Sainte Vierge, et pour obtenir, par son intercession, toutes celles dont nous avons besoin.

Offrande de la première dizaine.

Père éternel, nous vous offrons cette première dizaine, pour vous remercier de la grâce que vous avez faite à la Sainte Vierge, de l'avoir choisie pour être la Mère de votre très-cher Fils.

Très-Sainte Vierge, nous vous reconnaissons et honorons comme Mère de Dieu : nous vous supplions d'être la nôtre, et de nous regarder comme vos très chers enfants.

Offrande de la seconde dizaine.

Nous vous offrons, ô mon Dieu ! cette seconde dizaine, pour vous remercier de la grâce que vous avez faite à la trés-Sainte Vierge, de l'avoir préservée de tout péché.

Très-Sainte Vierge, nous nous réjouissons de ce que vous avez été préservée de tout péché ; obtenez-nous de votre cher Fils, la grâce de n'en commettre jamais aucun qui nous puisse faire perdre ses saintes grâces.

Offrande de la troisième dizaine.

Nous vous offrons, ô mon Dieu ! cette troisième dizaine, pour vous remercier de la grâce que vous avez faite à la Sainte Vierge, de lui avoir donné un grand amour pour votre divine Majesté.

Très-Sainte Vierge, faites que nous ayons part à ce grand amour de Dieu dont votre cœur a été embrasé ;

Offrande de la quatrième dizaine.

Mon Dieu, nous vous offrons cette quatrième dizaine pour vous remercier de la grâce que vous avez faite à la très-Sainte Vierge, de lui avoir donné une si grande pureté, tandis qu'elle était sur la terre.

Très-pure Vierge, obtenez-nous s'il vous plaît cette vertu angélique, et une grande horreur de tout ce qui pourrait nous faire perdre le précieux trésor de la chasteté.

Offrande de la cinquième dizaine.

Nous vous offrons, ô mon Dieu ! cette cinquième dizaine, pour vous remercier de la grâce que vous avez faite à la très-Sainte Vierge, de l'avoir rendue si obéissante à ses parents. Très-Sainte Vierge, faites par votre sainte intercession, que nous ne contredisions jamais ceux qui ont le pouvoir de nous commander.

Offrande de la sixième dizaine.

Nous vous offrons, ô mon Dieu ! cette sixième dizaine, pour vous remercier de la grâce que vous avez faite à la très-Sainte Vierge, de l'avoir choisie pour être la reine du ciel et de la terre.

Jetez, très-Sainte Vierge, les yeux de votre miséricorde sur nous pauvres serviteurs, et obtenez-nous la grâce de persévérer jusqu'à la mort dans le service de votre cher-Fils, afin que nous puissions éternellement régner avec lui dans le ciel.

Conclusion.

Recevez, ô mon Dieu ! par les mains de la très-Sainte Vierge, la prière que nous venons de vous faire, et accordez-nous, par son intercession, toutes les grâces que nous y avons demandées.

RETRAITES SPIRITUELLES

I. De tous les moyens qu'on a dans l'Église pour rappeler les pécheurs à Dieu, pour tirer du relâchement les âmes tièdes, et pour affermir dans le bien et faire avancer dans la voie de la perfection les Chrétiens fervents, il n'en est point de plus efficace que les retraites. On en voit tous les jours des effets si merveilleux, qu'on ne peut assez remercier Dieu d'avoir inspiré aux hommes une pratique si sainte et si salutaire. Mais quoique cette même pratique soit nécessaire aux personnes de tous les états, elle l'est infiniment davantage aux personnes du monde qui, quelques désirs qu'elles aient de leur salut, sont insensiblement entraînées ou par le torrent des affaires extérieures qui dissipent, ou par le mauvais exemple qui corrompt. II. C'est en effet dans la retraite que la parole de Dieu pénètre jusqu'au fond du cœur, elle l'attendrit, elle le purifie, elle l'enflamme, et on sort de la solitude désabusé des fausses maximes du siècle, et convaincu des grandes vérités du salut, dégagé de ses attachements déréglés, et plein d'ardeur pour la vertu.

III. L'expérience a fait connaître que pour rendre la retraite encore plus utile à la sanctification des âmes, on ne pouvait rien faire de mieux que d'avoir dans l'année certains temps marqués, où des personnes de toutes sortes d'états, assemblées dans un même lieu, font leurs exercices en commun. Il s'y fait chaque jour des exhortations vives et touchantes, et des instructions exactes sur les principaux devoirs du Chrétien. On y est puissamment animé par les bons exemples qu'on y voit, et les prières de tant de personnes assemblées au nom du Seigneur, et pour sa gloire, attirent de grandes bénédictions sur ceux mêmes qui seraient rebutés de Dieu, s'ils étaient seuls.

C'est là que l'ecclésiastique apprend à se consacrer tout entier à son ministère, sans s'embarrasser des affaires du siècle ; le magistrat, à être appliqué et exact dans un emploi si important pour le bien public ; l'homme de guerre, à être aussi généreux pour le service de Dieu, qu'il l'est pour le service de son Prince, et à désirer bien plus ardemment la gloire éternelle, que celle qui passe avec la vie ; le marchand à être fidèle, et d'une exacte probité dans son négoce ; tous enfin à remplir et les devoirs communs de la religion, et les devoirs propres de leur état.

Si pour acquérir une fortune immense, et parvenir à une place distinguée, il ne fallait que se retirer quelques jours dans la solitude, avec quel empressement chacun ne s'y rendrait-il pas ? Quel est donc notre aveuglement de négliger le moyen si efficace et si infaillible d'une retraite pour nous assurer un bonheur infini, une gloire éternelle.

STROPHES POUR LE JOUR DE LA RÉSURRECTION DE NOTRE SEIGNEUR JÉSUS-CHRIST

Sur le chant de la Prose *Adeste* de Noël.

Jaloux de célébrer le triomphe de votre divin Maître, accourez, Chrétiens, accourez à son tombeau, pour y voir Jésus vraiment ressuscité : venez, adorons-le ; venez, adorons le souverain Maître de l'Univers.

Voyez-le, triomphant de la mort, et brisant les sceaux apposés sur son tombeau, reprendre la liberté et la vie ; c'est ainsi que par sa résurrection il nous donne le gage de la nôtre : venez, etc.

Entraînée par l'amour de son Dieu, mais accablée de tristesse, Madeleine sort de Jérusalem pour voler au sépulcre, et elle a le bonheur de reconnaître Jésus sous la figure d'un jardinier : venez, etc.

Avertis par Madeleine, Pierre et Jean se hâtent aussi de s'y rendre, mais le disciple bien-aimé de Jésus y arrive le premier : venez, etc.

ASPERSION DE L'EAU BÉNITE

Vous m'arroserez avec l'hysope, Seigneur, et je serai Purifié : vous me laverez, et je deviendrai plus blanc que la neige.

℣. Ayez pitié de moi, mon Dieu, selon l'étendue de votre miséricorde.

Le Dimanche des Rameaux, on ne dit point Gloria Patri, *mais on répète* Asperges, *jusqu'au* ℣.

POUR LE JOUR DE L'OCTAVE DE PÂQUES.

Je répandrai sur vous de l'eau pure, et vous serez purifiés de toutes vos souillures ; alleluia : je vous donnerai un cœur nouveau, et je mettrai un esprit nouveau au milieu de vous. Alléluia, alléluia.

Ps. Rendez grâce au Seigneur, parce qu'il est bon ; parce que sa miséricorde est éternelle. Gloire au Père, etc.

On répète *Effundam*.

PRIONS.

Exaucez-nous, Seigneur très-saint, Père tout-puissant, Dieu éternel, et daignez envoyer du ciel votre saint ange, afin qu'il soit le gardien, l'appui et le protecteur de ceux qui sont ici assemblés dans votre saint temple, par Jésus-Christ notre Seigneur.
Ainsi soit-il.

PRIÈRE POUR LE TONNERRE

Arbitre souverain de la vie et de la mort qui fixez à la foudre*, comme aux flots de la mer, des bornes qu'elle ne passe jamais ; commandez au tonnerre qui gronde sur nos têtes coupables, de ne point exercer contre nous des châtiments que nous ne méritons que trop par nos infidélités et nos ingratitudes : que son bruit éclatant et terrible ne serve qu'à nous faire rentrer en nous-mêmes, implorer votre miséricorde, et porter de dignes fruits de pénitence, pour éviter d'entendre prononcer contre nous cet arrêt mille fois plus redoutable que le tonnerre : RETIREZ-VOUS, MAUDITS, ALLEZ DANS UN FEU QUI NE S'ÉTEINDRA JAMAIS.

---

* Pour ne jamais éprouver une crainte excessive et peu chrétienne du tonnerre, 1.° considérez que celui qui le dirige, est le Dieu tout-puissant qui pourrait, à chaque instant du jour et de la nuit, vous retirer en mille autres manières ce souffle qu'on appelle la vie. 2.° Faites l'acte de contrition le plus parfait possible, prenez la résolution de réparer vos fautes par une conduite irréprochable et toute sainte, et mettez toute votre confiance dans l'infinie miséricorde de celui qui ne veut point la mort du pécheur, mais qu'il se convertisse et qu'il vive. 3.° Vivez et persévérez dans l'état de la grâce, vous n'aurez rien à craindre ni de Dieu, ni des hommes : dans cet heureux état, la mort ne ferait que vous donner une vie meilleure. 4.° Mettez-vous sous la protection de la Sainte Vierge et des Saints.

PRÉPARATION À LA MORT

Le moment de la mort décidant de notre sort pour l'éternité, il n'est point d'affaire plus importante pour un Chrétien que celle de s'y bien préparer. Il doit donc employer avec zèle et constance les moyens les plus efficaces pour y réussir, en voici les principaux :

1. Penser toujours et agir comme on voudrait l'avoir fait à l'heure de la mort.

2. Faire toutes ses confessions et communions comme si chacune devait être la dernière de votre vie.

3. Prendre un jour chaque mois pour se préparer particulièrement à la mort, et dans ce jour se transporter en esprit à cette époque (qui peut-être n'est pas éloignée) où nos parents, rassemblés autour de notre lit, prononceront ces tristes et lugubres paroles : IL EST MORT et demander avec instance à Dieu de ne pas permettre que les anges soient dans le cas d'ajouter ces autres, bien plus terribles encore : ET IL A ÉTÉ ENSEVELI DANS LES ENFERS...

4. On pourrait aussi réciter d'avance pour soi-même les prières des agonisants, voir plus haut.

5. Se demander souvent à soi-même : Si dans ce moment Dieu m'appelait à lui, pourrais-je me flatter de n'avoir rien à craindre de sa justice, et d'avoir tout à espérer de sa miséricorde.

6. Faire au moins une fois par semaine la prière pour obtenir la

grâce d'une bonne mort, et lire de temps en temps les avis qui la précèdent. Voir précédemment.

7. Prendre avec quelques parents ou amis l'engagement de s'avertir, lorsqu'on sera attaqué d'une maladie grave. (Il n'est point de moyens plus efficaces pour éviter les surprises de la mort.)

8. Suivre en tout les conseils de l'Apôtre S. Paul : *Être sur la terre comme n'y étant pas, posséder comme ne possédant pas, car la figure de ce monde passe.*

9. Enfin réciter avec ferveur les Litanies suivantes.

LITANIES POUR LA BONNE MORT.

Composées par une demoiselle Protestante convertie à la Religion Catholique, à l'âge de quinze ans, et morte à dix-huit ans, et odeur de sainteté.

Seigneur Jésus, Dieu de bonté, Père de miséricorde, je me présente devant vous avec un cœur humilié, brisé et confondu ; je vous recommande ma dernière heure, et ce qui doit la suivre.

Quand mes pieds immobiles m'avertiront que ma course en ce monde est près de finir ; miséricordieux Jésus ; ayez pitié de moi.

Quand mes yeux, obscurcis et troublés des approches de la mort, porteront leurs regards tristes et mourants vers vous, miséricordieux Jésus, ayez pitié de moi.

Quand mes lèvres, froides et tremblantes, prononceront pour la dernière fois votre adorable nom, miséricordieux Jésus, ayez pitié de moi.

Quand mes joues pâles et livides, inspireront aux assistants la compassion et la terreur, et que mes cheveux baignés de sueurs de la mort, s'élevant sur ma tête, annonceront ma fin prochaine, miséricordieux Jésus, ayez pitié de moi.

Quand mes oreilles, prêtes à se fermer pour toujours aux discours des hommes, s'ouvriront pour entendre votre voix qui prononcera l'arrêt irrévocable qui doit fixer mon sort pour l'éternité, miséricordieux Jésus, ayez pitié de moi.

Quand mon imagination, agitée de fantômes sombres et effrayants, sera plongée dans des tristesses mortelles, que mon esprit, troublé par la vue de mes iniquités et par la crainte de votre justice, luttera contre l'Ange des ténèbres qui voudrait me dérober la vue de vos miséricordes, et me jeter dans le désespoir, miséricordieux Jésus, ayez pitié de moi.

Quand mon faible cœur, accablé par la douleur et la maladie, sera saisi des horreurs de la mort et épuisé par les efforts qu'il aura faits contre les ennemis de mon salut, miséricordieux Jésus, ayez pitié de moi.

Quand je verserai mes dernières larmes, symptômes de ma destruction, recevez-les en sacrifice d'expiation, afin que j'expire comme une victime de la pénitence ; et dans ce terrible moment, miséricordieux Jésus, ayez pitié de moi.

Quand mes parents et mes amis, assemblés autour de moi s'attendriront sur mon état, et vous invoqueront pour moi, miséricordieux Jésus, ayez pitié de moi.

Quand j'aurai perdu l'usage de tous mes sens, que le monde entier aura disparu pour moi, et que je serai dans les oppressions de ma dernière agonie et dans le travail de la mort, miséricordieux Jésus, ayez pitié de moi.

Quand les derniers soupirs de mon cœur presseront mon âme de sortir de mon corps, acceptez-les comme venant d'une sainte impatience d'aller à vous, miséricordieux Jésus, ayez pitié de moi.

Quand mon âme, sur le bord de mes lèvres, sortira pour toujours de ce monde, et laissera mon corps pâle, glacé et sans vie, acceptez la destruction de mon être comme un hommage que je veux rendre, à votre divine Majesté, miséricordieux Jésus, ayez pitié de moi.

Enfin, quand mon âme paraîtra devant vous, et qu'elle verra pour la première fois l'éclat de votre Majesté, ne la rejetez pas de devant votre face, daignez me recevoir dans le sein de votre miséricorde, afin que je chante éternellement vos louanges ; miséricordieux Jésus, ayez pitié de moi.

ORAISON.

Ô Dieu, qui, nous condamnant à la mort, nous en avez caché le moment ; et l'heure, faites que passant dans la justice et dans la sainteté tous les jours de ma vie, je puisse mériter de sortir de ce monde dans la paix d'une bonne conscience, et mourir dans votre amour ; par Notre Seigneur Jésus-Christ, qui vit et règne avec vous dans l'unité dit Saint-Esprit. Ainsi soit-il.

PURETÉ D'INTENTION.

La pureté d'intention donnant un prix infini aux actions les plus simples et les plus ordinaires, le vrai chrétien doit avoir pour devise intérieure et habituelle :

TOUT POUR DIEU ET POUR LE CIEL.

ABRÉGÉ DE LA DOCTRINE CHRÉTIENNE

PAR M. L'ABBÉ DE LA HOGUE, DOCTEUR ET PROFESSEUR DE SORBONNE.

La Journée du Chrétien devant être, pour beaucoup de personnes de différents âges et de différentes conditions, le seul livre de dévotion qu'elles puissent se procurer, on a pensé qu'il serait utile d'ajouter à cet excellent ouvrage un *Abrégé de la Doctrine chrétienne*, et des preuves sur lesquelles elle est appuyée, afin que les fidèles pussent aisément se rendre compte à eux-mêmes, et de leur foi, et des motifs qui la rendent raisonnable.

PRINCIPAUX ARTICLES DE LA DOCTRINE CHRÉTIENNE.

Il existe un Dieu, qui a créé le ciel et la terre par sa toute-puissance, qui gouverne le monde par sa sagesse, et qui, par sa justice, rendra à chacun selon ses œuvres.

Ce Dieu Éternel et Tout-Puissant est infini dans ses perfections, indépendant, immuable, présent partout ; il connaît tout, jusqu'aux plus secrètes pensées de nos cœurs.

Dieu, en créant l'homme, l'a formé de deux substances, l'une *matérielle*, par laquelle il ressemble aux animaux ; l'autre *spirituelle*, qui, par ses facultés, l'élève beaucoup au-dessus d'eux, et le rend l'image de son Créateur.

L'homme, par cette substance spirituelle, est capable de connaître

Dieu, de l'aimer, de l'adorer, de le servir, et par ce moyen d'obtenir une récompense qui puisse satisfaire le désir et le sentiment que l'âme a de son immortalité, et par conséquent d'une autre vie.

Ces premières vérités, que la raison nous enseigne, ont été confirmées par la *Révélation* ; c'est-à-dire, par le témoignage exprès que Dieu leur a rendu, d'abord en parlant lui-même aux Patriarches avant la Loi écrite ; ensuite par Moïse et les Prophètes de l'ancienne loi, enfin par Jésus-Christ son Fils.

La Révélation contient beaucoup d'autres vérités, auxquelles la raison la plus saine et la plus éclairée ne pouvait jamais atteindre, et que nous appelons des *Mystères*. Elle nous apprend aussi les moyens que Dieu, dans sa miséricorde a choisis, et qu'il a offerts à l'homme coupable, afin qu'il pût rentrer en grâce, éviter des peines éternelles, et acquérir un bonheur sans fin, qui est la vue et la possession de Dieu même.

Ce Dieu, créateur du ciel et de la terre et auteur de la révélation, existe en trois personnes distinctes ; à savoir, le Père, le Fils et le Saint-Esprit. Ces trois personnes sont égales en toutes choses ; l'une n'est ni plus ancienne, ni plus puissante que l'autre ; elles sont de toute éternité.

La seconde personne, qui est le Fils, s'est fait homme, en prenant un corps et une âme semblables aux nôtres, dans le sein de la bienheureuse Vierge Marie, où il a été conçu par l'opération du Saint-Esprit.

Ce Dieu fait homme, huit jours après sa naissance, fut nommé *Jésus*, c'est-à-dire *Sauveur* ; parce qu'il venait délivrer les hommes de l'esclavage du péché et des peines de l'enfer.

Jésus-Christ, Dieu et homme tout ensemble, a paru sur la terre semblable aux enfants des hommes par la nature humaine qu'il avait prise. Après avoir passé plus de trente ans dans l'obscurité d'une vie privée qui n'a pas été moins méritoire pour nous que le temps où il a opéré des prodiges, il a commencé à remplir son ministère public de *Sauveur* des hommes, en prêchant sa doctrine et la confirmant par des miracles, en donnant l'exemple de toutes les vertus, en instituant des Sacrements pour nous sanctifier, en mourant sur une croix pour la rédemption de tous les hommes, et en établissant son Église pour durer jusqu'à la consommation des siècles.

Le troisième jour après avoir été mis dans le tombeau, J. C. en est sorti glorieux par sa vertu toute-puissante ; et quarante jours après sa résurrection il s'est élevé par cette même vertu dans le Ciel, en présence de ses Apôtres et d'un grand nombre de disciples. Assis à la droite de son Père, il continue auprès de lui les fonctions de Médiateur en faveur des hommes, jusqu'à ce qu'il vienne juger les vivants et les morts.

Dix jours après son Ascension, il a accompli la promesse qu'il avait faite aux Apôtres de leur envoyer son esprit, qui est la troisième Personne de la Sainte Trinité ; afin que revêtus de cet Esprit de lumière et de force, ils pussent remplir l'ordre qu'il leur avait donné, de prêcher son Évangile par toute la terre.

Jésus-Christ ne s'est pas contenté de satisfaire pour nous, et de nous mériter par son sang toutes sortes de grâces ; il a établi des Sacrements, pour être autant de canaux par lesquels les grâces nous fussent distribuées, suivant les différents besoins que nous pourrions avoir dans le cours de notre vie. Ces Sacrements, au nombre de sept, sont le Baptême, la Confirmation, l'Eucharistie, la Pénitence, l'Extrême-Onction, l'Ordre et le Mariage.

Le Baptême, d'enfants de colère que nous naissons tous à cause de la désobéissance d'Adam, le premier père de tous les hommes, nous rend enfants de Dieu et de l'Église ; il efface dans les enfants le péché originel, et dans les adultes, c'est-à-dire, dans ceux qui ont atteint l'âge de raison, outre le péché originel, les péchés qu'ils auraient commis avant de le recevoir.

C'est par ce Sacrement que nous sommes faits Chrétiens, ce qui veut dire disciples de Jésus-Christ. Celui qui le reçoit, renonce au démon, à ses pompes, qui sont les vanités du monde, à ses œuvres qui sont les péchés ; et il contracte l'obligation de professer la doctrine de J. C., et de suivre sa loi.

Le Sacrement de Confirmation nous rend parfaits chrétiens et nous donne la force de confesser la foi, même au péril de notre vie.

Le Sacrement d'Eucharistie contient réellement et en vérité le corps, le sang, l'âme, et la divinité de N. S. J. C., sous les espèces ou apparences du pain et du vin, qui, après la consécration faite par le prêtre, n'existent plus et sont changés en la *substance* du Corps et du

Sang de Jésus-Christ. En nous donnant ainsi son vrai corps, le même qui a été crucifié pour nous, et qui est à présent dans le Ciel, son vrai sang, le même qui a été répandu pour nous, Jésus-Christ a voulu servir de nourriture spirituelle à nos âmes, s'y unir de la manière la plus intime, et nous donner le gage le plus assuré d'une résurrection glorieuse.

L'Eucharistie est encore un vrai sacrifice, dans lequel Jésus-Christ, pontife et victime tout ensemble, s'offre tous les jours pour nous par le ministère des Prêtres, et aussi véritablement qu'il s'est offert sur la Croix, quoique d'une manière différente, en ce qu'il n'y a point sur l'autel d'effusion de sang.

Le Sacrement de Pénitence a été établi par Jésus-Christ, pour remettre les péchés commis après le Baptême. Les parties essentielles de ce Sacrement sont la confession exacte de tous ses péchés, lorsqu'on est dans la possibilité de la faire, une vraie contrition, et la satisfaction.

Le Sacrement de l'Extrême-Onction est pour le soulagement spirituel et corporel des malades.

Le Sacrement de l'Ordre perpétue dans l'Église la Hiérarchie instituée par Jésus-Christ, et composée des Évêques, des Prêtres, et des autres ministres qui seuls ont la puissance de faire les fonctions ecclésiastiques ; ce Sacrement leur donne aussi la grâce de les exercer saintement.

Le Sacrement de Mariage donne à l'homme et à la femme, unis dans une société légitime, les grâces nécessaires pour se sanctifier dans leur état, en supporter les peines, et élever leurs enfants dans la crainte du Seigneur.

Tous les travaux de Jésus-Christ sur la terre, tous les moyens de salut qu'il a établis, ont eu pour but de former son Église, non-seulement en tant qu'elle doit être un jour composée des prédestinés de tous les siècles, mais encore en tant que société visible sur la terre, elle devait rassembler dans son sein ses vrais disciples ; et sous ce rapport, J. C. lui a promis une durée aussi longue que celle des siècles qui devaient s'écouler. Cette vérité est annoncée dans l'Évangile de la manière la plus expresse. Jésus-Christ, s'adressant à Pierre, lui dit : « *Tu es Pierre, et sur cette pierre, je bâtirai mon Église ; et les portes de l'Enfer ne prévaudront point contre elle** ». C'est aussi à Pierre qu'après sa résurrection il confie le soin du troupeau racheté de son sang, les *brebis* comme les *agneaux*[†]. Près de monter au Ciel, Jésus-Christ console ses Apôtres par ces dernières paroles : « *Toute puissance m'a été donnée dans le Ciel et sur la terre ; allez donc, enseignez toutes les nations, les baptisant*[‡] *au nom du Père, et du Fils, et du Saint-Esprit ; leur apprenant à garder toutes les choses que je vous ai commandées ; et voilà que je suis avec vous jusqu'à la consommation des siècles*[§] ».

Belles prérogatives sans doute, grandes et magnifiques promesses ! Mais elles étaient illusoires, si elles devaient se borner à Pierre et aux autres Apôtres, dont la vie allait bientôt être terminée par une mort glorieuse. Il est donc certain qu'elles regardaient non-seulement Pierre et les Apôtres, mais encore leurs successeurs légitimes, jusqu'à la consommation des siècles. Ainsi la chaire de Pierre est encore le fondement de l'Église de Jésus-Christ ; et le Pape qui y est assis en est le chef visible. Les Évêques, qui, par une *ordination légitime*, et une *mission canonique*, deviennent les successeurs des Apôtres, sont encore chargés par Jésus-Christ d'enseigner les fidèles, et de leur administrer les Sacrements, par eux-mêmes, ou par les ministres à qui ils en donnent le pouvoir.

Il suit de là que l'infaillibilité que J. C. a promise à ses Apôtres, en leur déclarant qu'il serait avec eux, *enseignants* et *baptisants jusqu'à la consommation des siècles*, appartient encore aujourd'hui, et appartiendra toujours au corps des premiers pasteurs unis à la chaire de Pierre ; qu'eux seuls ont le droit de décider tout ce qui concerne le dogme, la morale, et le gouvernement de l'Église ;

---

* S. Matth. XVI. 18.
[†] S. Jean, XXI. 15.
[‡] Baptisant. Dans l'ordre que Jésus-Christ donne à ses Apôtres de baptiser les nations, est évidemment compris celui de leur conférer les autres sacrements. Si J. C. ne parle que du Baptême, c'est parce qu'il est l'entrée et le fondement des autres Sacrements, qu'on ne peut recevoir validement avant d'être baptisé. —V. Bossue t. 1.re et 2.me *Instructions sur les Promesses de l'Église.*
[§] S. Matth. XXVIII. 19, 20.

que les écouter, c'est écouter J. C. ; les mépriser, c'est mépriser J. C. lui-même, et son Père qui l'a envoyé*.

La vérité et l'étendue des grandes et magnifiques promesses faites à l'Église ne devaient point empêcher qu'elle ne fût attaquée. En l'assurant que les portes de l'Enfer ne prévaudraient point contre elle, J. C. lui annonçait des combats ; et bientôt ils commencèrent à avoir lieu. L'Apôtre S. Paul fait mention dans ses Épîtres de schismes qui s'étaient déjà élevés parmi les chrétiens. Il dit, en termes exprès, « *QU'IL FAUT*† *même qu'il y ait des hérésies, afin que l'on connaisse ceux qui sont fermes dans la foi*‡ ». Mais l'histoire de l'établissement de l'Église, malgré les tempêtes dont elle a été assaillie dès le berceau, et sa durée jusqu'à ce jour, suffisent pour justifier la vérité des promesses de son divin fondateur, et rassurer les fidèles contre toutes les attaques de l'enfer. Constante dans les dogmes qu'elle a reçus de Jésus-Christ, l'Église a toujours conservé dans son entier le dépôt de la doctrine qui lui a été confié. *Sainte*, elle a toujours enseigné les maximes les plus pures, et elle ne s'est jamais prêtée à aucun changement qui altérât la morale de l'Évangile. *Une* par essence, parce que Jésus-Christ ne peut avoir qu'une seule épouse, elle n'a jamais voulu recevoir ni conserver dans son sein ceux qui différaient d'elle sur le dogme, et même sur des points de pure discipline qu'ils voulaient introduire ou retenir contre sa défense. En un mot, les hérésies et les schismes se sont succédés, et l'Église, malgré tant de persécutions, n'en a pas moins été toujours de toutes les sociétés chrétiennes, la plus répandue dans l'univers ; effet sensible de la promesse que lui a faite Jésus-Christ, *qu'il serait avec elle jusqu'à la consommation des siècles*.

---

* S. Luc. X. 16.
† Il faut…. « TERRIBLE IL FAUT (dit Bossuet), qu'on ne lit point sans un profond étonnement. Mais sans les schismes et les hérésies, il manquerait quelque chose à l'épreuve où J. C. veut mettre les âmes qui lui sont soumises, pour les rendre dignes de lui ». (I. *Instruction sur les Promesses de l'Église.*)
‡ I. Cor. XI. 18, 19.

PRÉCIS DES MOTIFS DE NOTRE CROYANCE.

Refuser de croire les Mystères que la révélation propose, parce qu'on ne les comprend pas, c'est aller contre la raison ; car il est des vérités que la raison démontre, et qui sont environnées d'obscurités impénétrables ; et l'ordre même de la nature nous présente beaucoup de choses qu'on n'a jamais pu et qu'on ne pourra jamais expliquer[*]. Il n'est point de vérité plus certaine que celle de l'existence d'un Dieu. Cependant quel est celui qui peut connaître et concevoir l'essence de cet Être éternel, infini, immense, immuable, présent partout, etc. ? L'esprit humain se trouble bientôt dans ses recherches, et il trouve des ténèbres qui l'empêchent d'avancer.

L'homme peut-il sonder avec plus de succès sa propre nature, et l'expliquer ? Composé de corps et d'âme, comprend-il comment ces deux substances, dont l'une est spirituelle et l'autre matérielle, sont aussi étroitement unies entre elles, et se correspondent avec autant de célérité que d'harmonie ? Comprend-il mieux comment son esprit qui est *un*, et qui n'est pas composé de parties, a des facultés si différentes, *l'entendement, la mémoire, la volonté* ; et comment les opérations de ces facultés se varient à l'infini ? « Quel prodige, que celui de *la mémoire !* dit S. Augustin ; je ne puis trop l'admirer, et *je suis presque saisi d'effroi*, lorsque je considère la multiplicité de ses opérations, et la vaste étendue de ce qu'elle embrasse. Quel est l'homme qui expliquera jamais cette merveille ? Néanmoins la mémoire est une faculté de mon âme, qui est en moi, et qui appartient à ma nature. Je ne puis donc pas me comprendre moi-même, je ne puis pas concevoir tout ce que je suis ; et mon esprit est si borné, qu'il ne sait et où il est, et ce qu'il est[†] ».

---

[*] « La dernière démarche de la raison, c'est de connaître qu'il y a une infinité de choses qui la surpassent. Elle est bien faible, si elle ne va jusque là ». Pensées de Pascal. Chap. 5, N.° I.

[†] Confessions de S. Augustin, Lib. X. Ch. 8, N.° 5. Ou ne peut rien lire de plus intéressant que la description des merveilles de la Mémoire, que fait S. Augustin depuis le 8.e chapitre de ce livre, jusqu'au 22e. Il décrit dans le même ouvrage, avec autant de sagacité, les opérations mystérieuses des autres facultés de notre âme, et les effets merveilleux des sens de notre corps ; et sur tous ces objets il défie les hommes les plus savants de donner quelqu'explication raisonnable.

Enfin si l'homme étudie la nature, il est arrêté presqu'à chaque pas par des mystères qu'il ne peut expliquer. L'observateur le plus assidu et le plus clairvoyant a-t-il découvert comment les plantes proviennent d'une semence propre à chaque espèce, qui, jetée en terre, meurt pour donner naissance à plusieurs rejetons de son espèce ? Ce prodige n'est certainement pas plus aisé à expliquer, que celui de la résurrection de nos corps sortant de la poussière du tombeau. Aussi l'Apôtre S. Paul s'en sert-il pour confirmer les Corinthiens dans la foi de ce dogme, et il traite d'insensé celui qui, voyant le premier prodige s'opérer tous les jours révoque en doute le second que Dieu doit opérer à la fin des siècles[*].

Il semble que Dieu ait voulu que tout ce qui nous environne, et les vérités mêmes que la raison démontre, nous présentassent un grand nombre de mystères, afin de nous préparer et nous disposer à croire ceux qu'il avait intention de nous révéler[†].

Mais comme la foi doit être raisonnable[‡], et qu'il faut que nous puissions rendre compte des motifs qui nous déterminent à croire les mystères dont notre raison ne peut sonder la profondeur[§], l'on va donner le précis des preuves sur lesquelles est appuyée la révélation dont il a plu à Dieu de nous favoriser.

---

[*] I. Ép. aux Corinthiens, ch. 15, V. 35.
[†] L'incrédule qui nie les mystères parce qu'il ne les comprend pas, et parce qu'il sent des répugnances à les croire, peut être comparé à *un aveugle-né* qui nierait tous les phénomènes de la vue, parce qu'il ne les conçoit pas, et que même ils paraissent contredire les idées qu'il a d'ailleurs. En effet, quand *cet aveugle-né* entend dire qu'avec un *sens* dont il est privé, et que nous appelons *la vue*, nous embrassons au même instant une étendue immense sur la terre et dans le ciel, que nous atteignons des objets éloignés de nous de plusieurs millions de lieues, tels que le soleil et les autres astres ; quand il entend parler des *couleurs*, des *miroirs* où la même personne, le même objet se multiplie, et paraît entièrement tel qu'il est, en repos ou en mouvement, etc., etc. ; ces phénomènes et beaucoup d'autres encore, ne doivent-ils pas lui paraître incroyables, et même être en contradiction avec les notions certaines qu'il a de toucher, des distances et de l'unité de chaque personne et de chaque objet. Cependant la saine raison l'oblige de regarder les répugnances qu'il a à croire ces merveilles, comme des préjugés qui viennent uniquement de l'ignorance profonde où il est sur la nature des choses dont il entend parler, et d'ajouter foi au témoignage de tous les hommes qui lui en attestent la vérité. Ainsi l'homme doit imposer silence à sa raison sur les mystères qui sont hors de sa portée, et les croire quand Dieu les lui révèle.
[‡] Ép. aux Rom., ch. 12, V. I.
[§] I. Ép. de S. Pierre, ch, 3, V. 15.

Dieu ayant le dessein de manifester aux hommes ses volontés, a dû parler de manière à ne laisser aucun doute sur la vérité des choses qu'il annonçait. Les premières révélations dont il a honoré les Patriarches ont toujours été accompagnées de signes non équivoques de sa divine présence. Nous devons le croire d'après le témoignage de Moïse, si Moïse a été véritablement l'envoyé de Dieu ; car, en rappelant, dans la loi qu'il a donnée aux Juifs de la part du Seigneur, ces premières révélations faites aux Patriarches, il leur donne la même autorité divine qu'à sa loi. Or, les preuves qui nous assurent que Moïse a été l'envoyé de Dieu sont telles que tout homme sensé ne peut refuser de s'y rendre.

Les plaies d'Égypte, le passage de la mer Rouge, la manne descendue du Ciel pendant quarante ans, pour nourrir dans un désert aride une multitude innombrable, des eaux vives qui, au commandement de Moïse, jaillissent des rochers, sont, entre beaucoup d'autres merveilles qu'il a opérées, des preuves incontestables, pour tout homme raisonnable, de la vérité de la mission qu'il annonçait avoir reçue de Dieu.

Les Prophètes qui, dans les âges suivants, ont paru parmi les Juifs, et qui tous ont rendu témoignage à Moïse comme à l'envoyé de Dieu, ont aussi prouvé leur mission par des signes éclatants. Maîtres des éléments, ils frappent la terre de stérilité, ou ils rappellent l'abondance ; ils commandent à la pluie et aux tempêtes de venir, ou ils les arrêtent ; ils divisent les eaux pour traverser à sec leur lit, ils ressuscitent les morts. Exposés aux bêtes féroces, ils n'en reçoivent aucun mal*.

Enfin, ils prédisent les destinées futures non-seulement de leur nation, mais encore des royaumes étrangers, de l'univers entier † : et chacune de ces prédictions s'est vérifiée à la lettre, au moment précis qu'ils avaient marqué.

Tous ces faits sont consignés dans les différents livres de l'Ancien Testament, qui ont été écrits et rendus publics à l'époque même où les prodiges sont rapportés ; il a donc été impossible d'en imposer dans le

---

* Ces prodiges sont rapportés au I. Liv. des Rois. Ch. 12 ; III. Liv. Ch. 17, 18 : IV. Liv. Ch. 2, 4, 7. Et Daniel, Ch. 6 . 14. etc.

† Les différents Prophètes, et en particulier Isaïe et Daniel, ont annoncé les révolutions des Empires.

principe à la crédulité des peuples : une infinité de personnes se seraient élevées de tous côtés, pour réclamer contre des mensonges aussi manifestes, si les faits qu'on rapportait eussent été faux.

D'autre part, les livres de l'Ancien Testament n'ont pu être altérés dans la suite des temps, parce que la nation entière des Juifs en était dépositaire. Ce sont eux qui ont transmis ces livres aux Chrétiens, et ils les conservent encore avec le plus grand respect, quoiqu'ils y lisent la condamnation de leurs Pères, presque toujours rebelles à la volonté du Seigneur ; et que l'arrêt qui leur ôte l'auguste prérogative d'être *le peuple de Dieu*, y soit écrit en caractères bien intelligibles. Non, jamais il n'y eut de preuve plus forte pour constater l'authenticité d'un ouvrage, et de tout ce qui y est contenu et leur endurcissement y ajoute un nouveau degré de force, parce qu'il avait été prédit*.

La révélation faite par Jésus-Christ, auteur de la Loi nouvelle, est appuyée sur des preuves aussi frappantes.

I. Il suffit de considérer avec quelque attention les différentes circonstances de la naissance, de la vie et de la mort de Jésus-Christ, et tous les événements qui ont suivi dans l'ordre de la Religion, pour voir clairement que ce nouveau Législateur était le terme de toutes les figures de l'ancienne loi : qu'il a été cet envoyé extraordinaire annoncé dès l'origine du monde, l'objet des vœux des Patriarches, l'attente des Nations, celui enfin dont tous les Prophètes n'ont parlé qu'avec le respect dû à la majesté d'un Dieu, lors même qu'ils annonçaient ses souffrances et ses opprobres.

II. Jésus-Christ donne pour preuves de sa mission, les prodiges qu'il opère, et qui, suivant ces mêmes Prophètes, devaient distinguer le Fils de Dieu : il rend la vue aux aveugles, l'ouïe aux sourds, l'usage de leurs membres aux paralytiques, la vie aux morts enfermés dans le cercueil, ou qui étaient déjà affectés de la corruption du tombeau. Les miracles ne cessent point à sa mort : au moment où il expire, le voile du temple se déchire de lui-même, le soleil s'éclipse, la terre tremble,

---

* « Les juifs sont visiblement un peuple fait exprès pour servir de témoin au Messie. Ils portent les livres qui l'annoncent, et les aiment, et ne les entendent point. Et tout cela est prédit ; car il est dit dans ces mêmes livres que les jugements de Dieu leur sont confiés, mais comme un livre scellé ».

Pensées de Pascal sur la Religion, ch. 10.

les sépulcres s'ouvrent, et des morts qui y étaient enfermés depuis longtemps en sortent et parcourent Jérusalem pour lui rendre témoignage. Jésus-Christ ressuscite lui-même, le troisième jour, comme il l'avait annoncé ; et peu de temps après il s'élève dans le Ciel avec la majesté d'un Dieu.

III. Cinquante jours depuis la mort de Jésus-Christ sont à peine expirés, que ses Apôtres annoncent publiquement qu'il était le Fils de Dieu ; et ils citent en preuve ces différents prodiges. Ils les racontent comme des faits connus de tout Jérusalem, et personne ne les contredit ; ils les confirment par de nouveaux miracles qu'ils opèrent eux-mêmes au nom de Jésus crucifié ; ils en attestent la vérité par toute la terre, au péril de leur vie ; et ils scellent leur témoignage de leur sang. Des témoins qui se laissent ainsi égorger, plutôt que de se taire, méritent bien d'être crus sur *ce qu'ils disent avoir vu de leurs yeux, entendu de leurs oreilles, et touché de leurs mains**.

IV. Si l'on fait encore réflexion à la manière dont la Religion chrétienne s'est établie malgré les préjugés de l'esprit, et les passions du cœur qui dominaient tous les hommes, et malgré la puissance des tyrans armés contre elle ; si l'on considère le nombre presqu'infini de martyrs de tout âge, de tout sexe, et de toute condition, qui ont souffert avec joie les plus cruels tourments et la mort pour Jésus-Christ ; enfin lorsqu'on voit la perpétuité de la Religion, que les efforts multipliés de l'Enfer n'ont pu détruire, un homme raisonnable peut-il attribuer des faits aussi extraordinaires au cours des choses humaines, ou au hasard ? Peut-il n'y pas reconnaître le sceau de la Divinité ?

Refuser de croire à la révélation faite par Jésus-Christ, c'est donc fermer volontairement les yeux à la lumière ; un pareil aveuglement ne peut jamais être excusable.

Celui qui ne croira pas sera condamné† ; mais la foi sans les œuvres ne suffit point, elle ne servirait au contraire qu'à nous rendre plus coupables aux yeux de Dieu‡. Car c'est pour réformer notre cœur, ainsi que pour éclairer notre esprit, que J. C. est venu sur la terre. Il a

---

* I. Ép. St. Jean, V. I.
† St. Marc. XVII. 16.
‡ St. Matth. XI. 21.

voulu nous apprendre à renoncer « à toute impiété, à tous les désirs du siècle, à vivre *avec tempérance, avec justice, avec piété**, afin que nous devenions un peuple qui lui soit agréable par les bonnes œuvres ; et qu'au jour de sa gloire et de celle de son Père (dans le jugement dernier), séparés des réprouvés qu'il condamnera à un feu éternel, nous puissions entendre de sa bouche ces paroles : Venez, les bien-aimés de mon Père ; possédez le Royaume qu'il vous a préparé depuis le commencement du monde, pour y être éternellement heureux[†] »

---

* *Piété, Justice, Tempérance*, ces trois mots dont se sert St. Paul, renferment tous nos devoirs envers Dieu, envers le prochain, envers nous-mêmes.
[†] Ép. à tite, II. V. 11, etc. ; et St. Mat. XXV. c. 34, 41, 46.

CONSÉCRATION DE LA FRANCE AU SACRÉ CŒUR DE JÉSUS

Ô Jésus-Christ, ô notre adorable Sauveur ! votre cœur a été ouvert pour tous les hommes... Mais combien de prodiges de miséricorde nous attestent qu'il a été spécialement ouvert pour la France ! vous avez, ce semble, dans votre infinie charité, voulu pourvoir à tous nos besoins, en faisant naître cette dévotion au sein de ce royaume ; et vous avez voulu lui préparer une ressource assurée dans ses malheurs... Ah ! le miracle éclatant qui, dans le siècle dernier, arrêta, dans une de nos villes*, le fléau de la peste, ne nous indique-t-il pas de recourir à vous contre un fléau plus funeste !... La contagion de l'impiété et du libertinage a étendu ses ravages dans notre patrie... subsisterait-elle encore après que nous aurons réclamé la bonté de votre divin cœur !.... Hésiterions-nous à croire que de cette source d'où sont sortis tant de prodiges de charité, il en sorte encore aujourd'hui pour la France !.. Oh ! non, nous n'en doutons pas !... Ô Jésus, notre aimable Sauveur, nous nous souvenons que votre cœur est le sanctuaire de la miséricorde et la source de tous les biens !... Nous implorons avec la plus tendre

---

* Au milieu des ravages que taisait la peste à Marseille, en 1722, l'évêque de cette ville ayant fait dresser un autel au milieu du Cours, y vint en procession, la corde au cou, suivi de son clergé et des magistrats, vouer au Sacré Cœur de Jésus le reste de ses ouailles ; le succès suivit sa prière ; et à dater de ce jour-là aucun malade de la peste ne mourut, tous se rétablirent successivement.

confiance son immense charité pour nous ! nous nous vouerons, nous nous vouons dès ce moment au culte de votre adorable cœur !... Tous les cœurs de ce royaume, depuis le cœur de notre auguste monarque jusqu'à celui du plus pauvre de ses sujets, nous les réunissons par les désirs de la charité pour les lui offrir tous ensemble. Ô cœur de Jésus ! nous vous offrons notre pairie toute entière et les cœurs de tous ses enfants !... Ô Vierge sainte, ils sont maintenant entre vos mains !... Nous vous les avons remis en nous consacrant à vous, comme à notre protectrice et à notre mère, dont nous avons déjà reçu de signalés bienfaits ; mettez-y le comble aujourd'hui : nous vous en supplions, offrez-les au cœur de Jésus !.. Ah ! s'ils sont présentés par vous, il les recevra !... il leur pardonnera !... il les sanctifiera !... il les sauvera !.. et il sauvera la France toute entière !... Il y affermira la paix !... il y fera régner la piété et les mœurs !... il y fera refleurir sa sainte religion. Ainsi soit-il.

PRIÈRE D'UNE ÂME DÉVOTE AU COEUR DE JÉSUS

Ô Cœur de Jésus ! ma confiance en vous ne connaît point de bornes. Que craindrai-je en m'approchant du cœur du plus aimable, du plus tendre de tous les pères ? Ô Jésus ! je ne puis me dissimuler que mes péchés sans nombre ont sensiblement blessé votre cœur trois fois saint ; mais ce qui me rassure, ce qui me console, c'est que vous ouvrez toujours ce cœur aux malheureux enfants qui, après vous avoir outragé, viennent vous offrir les sentiments du plus sincère repentir. C'est dans cette disposition que je me présente devant vous, ô cœur plein de miséricorde ! en vous criant : pardon, mille et mille fois pardon. Ô cœur de Jésus ! pourquoi vous ai-je si peu aimé ? Souvent vous m'avez arraché à l'enfer ; tous les instants de ma vie ont été marqués par vos bienfaits. Que de lumières vous m'avez communiquées de combien de remords vous avez agité ma conscience ! C'est à la bonté de votre cœur que je dois tout, et cependant j'ai été ingrate... Hélas ! je suis encore ingrate... Ô Jésus ! c'est donc moi qui renouvelle et les douleurs de votre agonie, et la rigueur des supplices que vous avez endurés sur la croix... Je vous crucifie... J'enfonce la lance dans votre cœur... Barbare !... Non je ne mérite pas le bienfait de la lumière. Ô cœur de Jésus ! voilà le cri de ma douleur, venez à mon secours, Dieu Sauveur, pour la gloire de votre nom, et que l'aveu de mes iniquités vous rende propice à mes vœux. Que ne puis-je effacer, par des larmes de sang, par le sacrifice de ma vie, les outrages que j'ai faits à votre cœur par mes langueurs, mes tiédeurs, mes indifférences, mes froideurs, mes oublis, mes révoltes, mes aigreurs, mes murmures, et mille autres péchés plus énormes encore ! Que ne puis-je, en m'offrant victime, satisfaire à votre justice irritée, et attirer sur la France entière vos divines miséricordes !

Il est donc vrai que la malice des hommes est montée à son comble. Hélas ! l'impiété vous insulte jusque sur votre trône, et voudront nous ravir nos adorations. L'Église, votre épouse, est l'objet de ses persécutions ; et si vous ne venez à notre secours, presque tous vos temples deviendront des cavernes de voleurs ; vos autels seront souillés, vos tabernacles renversés, et les chaires de vérité seront bientôt des chaires de pestilence. On ne respectera plus les asiles sacrés de l'innocence et de la piété, et on les déshonorera par des attentats et des sacrilèges. Ô cœur de Jésus ! voila ce qui pénètre mon âme d'amertume ; voilà ce qui la rend inconsolable. Les horreurs de la mort l'environnent, elle nage dans la tribulation et la douleur. Ô cœur de Jésus, veillez sur votre héritage, dissipez les ennemis de votre sainte Église ; qu'elle triomphe de tous leurs efforts. Nous vous bénirons, et le cri de notre reconnaissance percera les cieux.

Malgré les efforts de l'impiété ; et ses persécutions, je n'oublierai jamais les engagements que j'ai contractés avec vous ; je les renouvelle en votre présence ; je fais la promesse solennelle d'y être fidèle jusqu'à mon dernier soupir. Ô cœur de Jésus ! pour obtenir les grâces qui me sont nécessaires, afin de persévérer dans mes résolutions, je me consacre à vous ; je vous consacre ma personne, ma vie, les pensées de mon esprit, les sentiments, les mouvements, les palpitations de mon cœur. Je me consacre de plus comme réparatrice par choix de tous les outrages, blasphèmes, irrévérences, sacrilèges, profanations, que vous recevez dans le sacrement de votre amour.

Ô Jésus ! en vous consacrant mon cœur, placez-le dans le vôtre. C'est dans votre cœur que je veux vivre, et par votre cœur que je veux aimer. C'est dans votre cœur que je veux vivre inconnue du monde, et connue de lui seul. C'est dans ce cœur que je puiserai les ardeurs de l'amour qui doit consumer le mien. C'est dans lui que je trouverai la force, la lumière, le courage, la véritable consolation ; quand je serai languissante, il m'animera ; triste, il me réjouira ; inquiète, il me rassurera ; troublée et chagrine, il me consolera.

Ô cœur de Jésus ! que mon cœur soit l'autel de votre amour ! Vivre sans aimer le cœur de Jésus serait un enfer pour moi. Ah ! plutôt souffrir tous les tourments des damnés, que d'être un seul instant privée de l'amour du cœur de Jésus ! Que ma langue publie la bonté du cœur de Jésus ! Que mes yeux soient sans cesse fixés sur la plaie du cœur de Jésus ! Que mon esprit médite les perfections de ce cœur adorable ! Que mon âme soit altérée de l'amour du cœur de Jésus ! que cette soif la dévore ! Que ma mémoire conserve à jamais le précieux souvenir des miséricordes du cœur de Jésus ! Que tout dans moi exprime mon amour pour le cœur de Jésus, et que mon cœur soit prêt à tous les sacrifices pour le cœur de Jésus !

Ô cœur de Marie ! après le cœur de Jésus, le plus aimable, le plus compatissant, le plus miséricordieux de tous les cœurs, présentez au cœur de votre Fils, notre consécration, nos résolutions, nos dangers, notre espérance, notre amour. Il s'attendrira sur nos malheurs, il nous en délivrera, et après avoir été notre protectrice sur la terre, ô Mère de Jésus, vous serez notre reine dans les cieux. Ainsi soit-il.

CONSÉCRATION À LA STE VIERGE

PRIÈRE À LA SAINTE VIERGE, COMPOSÉE PAR SAINT LOUIS DE GONZAGUE.

Vierge Sainte, Marie, ma guide et ma souveraine, je viens me jeter dans le sein de votre miséricorde, et mettre dès ce moment, et pour toujours, mon âme et mon corps (*on désigne ici les personnes auxquelles on s'intéresse*) sous votre sauvegarde et sous votre protection spéciale. Je vous confie et remets entre vos mains toutes mes espérances et mes consolations, toutes mes peines et mes misères, ainsi que le cours et la fin de ma vie, afin que par votre très-sainte intercession, et par vos mérites, toutes mes œuvres soient faites selon votre volonté, et en vue de plaire à votre divin Fils. Ainsi soit-il.

PRIÈRE À LA SAINTE VIERGE, COMPOSÉE DES PRIÈRES DE L'ÉGLISE.

Montrez que vous êtes notre mère et que celui qui, pour nous sauver, a bien voulu naître de vous, reçoive par vous nos prières. Ainsi soit-il.

Sainte Marie, mère de Dieu et Vierge, préservée dès le premier moment de la tache du péché d'origine, moi je vous choisis aujourd'hui pour ma Reine, ma Patronne, ma Protectrice auprès de Dieu, et ma glorieuse Mère. Je prends aujourd'hui la résolution fixe et le ferme propos de ne jamais abandonner votre culte et les intérêts de votre gloire pendant toute ma vie, spécialement de ne jamais rien dire, rien faire, ni permettre que ceux qui dépendront de moi donnent par leurs discours ou par leurs actions la plus légère atteinte à l'honneur et aux hommages qui vous sont dus à tant de titres. Daignez donc, je vous en supplie, auguste Reine du Ciel et de la terre, m'admettre aujourd'hui pour jamais à votre saint Service, m'accordant votre très-puissante protection auprès de Dieu dans tous les moments, et pour toutes les actions de ma vie. Ne m'abandonnez pas surtout, ô divine Mère de mon Sauveur, à l'heure de ma mort. Ainsi soit-il.

SENTIMENTS DE RÉSIGNATION.

Jusqu'à quand, Seigneur, laisserez-vous souffrir votre serviteur sur la terre ? Cependant que votre nom soit béni, et que votre volonté soit faite. Quel droit ai-je de me plaindre de mes maux ? La maladie et la santé ne sont-elles pas les ouvrages du Seigneur ? C'est lui qui blesse et qui guérit ; qui tue et qui vivifie. Hélas ! la douleur qu'il me fait sentir, m'avertit à toute heure de mon néant. Il m'a pétri d'un limon sujet à se corrompre ; et je n'ai reçu la vie qu'à condition de souffrir depuis le moment de la naissance jusqu'à ma mort. Souffrons donc tant qu'il plaira au Seigneur ; trop heureux s'il fait servir mes souffrances à l'expiation de mes péchés.

ANTIENNE À LA VIERGE.

Pendant l'Année.

Nous vous saluons, ô Reine, Mère de miséricorde, notre vie, notre joie et notre espérance. Dans cet exil auquel nous sommes condamnés, comme enfants d'une mère coupable, nous implorons votre intercession, nous vous présentons nos soupirs et nos gémissements dans cette vallée de larmes ; soyez donc notre Avocate, attendrissez-vous sur nos maux, et après l'exil de cette vie, ô Vierge Marie, pleine de douceur et de tendresse pour les hommes, obtenez-nous le bonheur de voir Jésus-Christ, le fruit sacré de votre sein.

℣. Les plus riches d'entre les peuples.
℟. Vous adresseront leurs hommages.

PRIÈRE QUI SE CHANTE AU SALUT PENDANT LE CARÊME

Jetez sur nous, Seigneur, un regard de miséricorde : ayez pitié de nous, parce que nous avons péché. *Is. 63. Ps. 40.*

(Le Ch. répète *Jetez…, etc.*)

Souvenez-vous, Seigneur, de ce qui nous est arrivé : nous avons péché avec nos pères : nous avons commis l'iniquité : nos péchés surpassent par leur nombre les cheveux de notre tête. *Lam. 5. Ps. 105 et 39.*

(Le Ch. répète *Jetez…, etc.*)

Le souvenir de nos misères nous remplit de tristesse : nous sommes saisis de trouble et de frayeur à la voix menaçante de notre ennemi, et des malheurs prêts à fondre sur les pécheurs : notre perte est inévitable : nous y touchons, et personne ne se presse de nous secourir : la crainte de la mort est peinte sur nos visages. *Ps. 34 et 45. Deuter. 32. Judith, 7.*

(Le Ch. répète *Jetez…, etc.*)

Ne rejetez pas, Seigneur, un cœur contrit et humilié : exaucez nos gémissements et nos larmes : voyez nos jeunes : écoutez la voix des aumônes que nous versons dans le sein des misérables, et qui vous prient pour nous : nous nous convertissons à vous, parce que vous êtes disposé à nous accorder le pardon. *Ps. 50 et 63. Joel, 2. Eccle. 29. Tom. 4. Jerem. 4.*

(Le Ch. répète *Jetez...*, *etc.*)

Écoutez, mon peuple, dit le Seigneur ; maison d'Israël, vous que j'avais choisie pour être ma vigne chérie, venez à moi, et écoutez-moi : Je vous ai planté moi-même : comment êtes-vous devenue pour moi un objet d'amertume et de dégoût ? j'attendais de vous des œuvres de justice, et ce n'est que péché ; des fruits de piété, et je n'entends que les hurlements des pécheurs. Ps. 80. Isa. 5. Amos. 6.

(Le Ch. répète *Jetez...*, *etc.*)

Revenez, mon peuple, revenez au Seigneur votre Dieu : je suis plein de bonté pour vous tirer de l'esclavage où vous vous êtes précipités : je vous rachèterai : je laverai vos iniquités dans mon sang : je serai votre victime et votre Sauveur.

℣. Exaucez ma prière et mes gémissements, Seigneur :

℟. Ne soyez pas insensible à mes larmes. *Ps. 38.*

ORAISON.

Consolez-nous dans notre affliction, Seigneur, par l'abondance de vos miséricordes : et comme dans la prière nos paroles ne suffisent pas pour vous exprimer tous nos besoins, vous, ô Dieu, scrutateur des cœurs, et qui connaissez nos pensées, accordez-nous l'accomplissement de tous les désirs que peut former une âme pieuse pour son salut ; par Jésus-Christ Notre Seigneur.

Ainsi soit-il.

PRIÈRE POUR REMERCIER DIEU

Ô Père infiniment bon ! vous avez pitié des enfants qui vous abandonnent. Vous venez chercher une seconde fois ce peuple déjà rebelle à vos premiers bienfaits ; il est donc vrai que vous nous aimez encore malgré l'énormité de nos ingratitudes. Oui, tant d'amour nous autorise à le penser ; vous ne nous frappez que pour nous guérir ; vous nous châtiez en père pour nous ramener à vous ; d'une main, vous semblez nous accabler, et de l'autre, vous nous offrez notre grâce ; soyez béni, Seigneur, que vos Anges et tous vos Saints s'unissent pour vous louer ; que le Ciel et les Cieux des Cieux célèbrent à jamais vos miséricordes ! Vierge sainte, auguste protectrice de la France, daignez porter l'hommage de notre reconnaissance aux pieds de votre divin Fils !

Ô Dieu ! nous vous offrons nos justes actions de grâces par les cœurs sacrés de Jésus et de Marie. Souvenez-vous qu'un Roi martyr fit vœu de leur consacrer son Royaume ; c'est par eux que nous voulons avoir accès auprès du trône de votre grâce... Qu'ils suppléent à notre indignité ; qu'ils nous méritent le changement qu'attend encore votre amour, pour achever au milieu de nous l'œuvre de la miséricorde. Ainsi soit-il.

PRIÈRE POUR DEMANDER LA CONVERSION DES PÉCHEURS

Dieu ! qui ne voulez pas la mort du pécheur, jetez un regard de compassion sur ceux qui vous méconnaissent et vous outragent. Ayez pitié de tous sans exception ; qu'ils se convertissent et qu'ils vivent. Assez longtemps l'impiété désola notre malheureuse patrie ; nos dérèglements et nos scandales n'ont que trop déchiré le sein de votre Église, déshonoré votre nom, et percé votre cœur divin. Il en est temps, Seigneur, levez-vous, et faites éclater votre puissance ; vengez-vous de vos ennemis en les comblant de vos miséricordes ; faites pénétrer jusqu'au fond de leur âme un rayon de votre grâce ; qu'elle leur inspire les sentiments d'une sincère pénitence qui désarme votre colère. Ôtez du milieu de nous l'iniquité ; rendez à votre religion sainte l'éclat et la beauté des anciens jours ; étouffez les haines et les vengeances ; faites fleurir de nouveau l'innocence et la piété. Que tous bénissent votre nom et chérissent votre loi sainte ; qu'ils servent avec fidélité le Roi que vous nous rendez une seconde fois dans votre excessive miséricorde ; et que, vous servant plus fidèlement encore, un sincère repentir et le changement de leur cœur obtiennent de votre bonté infinie le bonheur de vous aimer et de vous louer pendant toute l'éternité.

Ainsi soit-il.

MESSE DU MARIAGE

Dieu est le principe et la source de tout bien comme de tout bonheur, pour le temps et pour l'éternité ; pour obtenir l'un et l'autre, c'est donc à lui qu'il faut s'adresser dans toutes les circonstances ; mais principalement aux époques les plus décisives pour la vie présente et pour la vie future ; et un établissement dans l'état du Mariage est, sans contredit, une de ces époques importantes. Il faut néanmoins l'avouer, à la confusion des chrétiens de nos jours, que c'est ordinairement l'époque à laquelle on pense le moins à implorer les bénédictions célestes : on est même forcé d'avouer que c'est peut-être l'époque à laquelle les chrétiens mettent plus d'obstacles à leur véritable bonheur, en n'envisageant l'état du Mariage que sous des rapports purement terrestres, en ne recevant la bénédiction nuptiale que par bienséance, et pour satisfaire à un usage dont ils n'osent s'affranchir ; en n'y apportant d'autre préparation que celle d'une confession forcée, faite le plus tard possible, sans examen, sans contrition, et dont le résultat est la profanation de deux Sacrements : en choisissant quelquefois un jour d'abstinence pour la célébration de leur mariage, sans aucun égard pour la loi de l'Église ; en apportant aux pieds des saints autels une indécence de parure qui égale, si elle ne surpasse pas, celle qu'affectent les personnes qui ont déjà publiquement franchi toutes les barrières de la pudeur ; en s'y livrant enfin avec les personnes qui les y accompagnent, à une légèreté et une dissipation scandaleuses, qui ne peuvent qu'attirer la malédiction de Dieu sur leur établissement et sur leur famille. Pour obvier à ces abus et aux malheurs sans nombre qui en sont la suite inévitable, on ne saurait trop recommander aux époux d'éviter de se marier comme les païens, qui ne connaissent point le vrai Dieu ; on ne saurait trop leur recommander de se présenter au tribunal sacré de la Pénitence, au moins un mois avant leur Mariage ; enfin on ne saurait trop leur recommander, ainsi qu'à leurs parents et amis, d'assister à la messe du Mariage, avec la décence, le recueillement, la foi et la piété qui conviennent aux enfants de Dieu et de l'Église, et de réciter avec ferveur les prières suivantes.

INTROIT.

Que le Dieu d'Abraham, le Dieu Isaac, et le Dieu de Jacob soit avec vous ; que lui-même vous unisse, et qu'il accomplisse sa bénédiction en vous.

Ps. Heureux tous ceux qui craignent le Seigneur, et qui se conduisent selon sa loi. Gloire.

COLLECTE. *Exaudi nos.*

Exaucez-Vous, Dieu tout-puissant et miséricordieux ; afin que ce qui se fait par notre ministère, reçoive son accomplissement par votre bénédiction ; Nous vous... Par J. C. N. S.

ÉPÎTRE.

Mes Frères, que les Femmes soient soumises à leurs Maris, comme au Seigneur ; parce que le Mari est le chef de la Femme, comme Jésus-Christ est le chef de l'Église, qui est son Corps, dont il est aussi le Sauveur. Comme donc l'Église est soumise à Jésus-Christ, les Femmes doivent aussi être soumises en tout à leurs Maris. Et vous, Maris, aimez vos Femmes, comme Jésus-Christ a aimé son Église, et s'est livré lui-même à la mort pour elle, afin de la sanctifier, et, après l'avoir purifiée dans le baptême de l'eau, par la parole de vie, pour la faire paraître devant lui pleine de gloire, n'ayant ni tache, ni ride, ni rien de semblable, mais étant sainte et irrépréhensible. Ainsi les Maris doivent aimer leurs Femmes comme leur propre corps. Celui qui aime sa Femme, s'aime soi-même. Car nul ne hait sa propre chair, mais il la nourrit et l'entretient, comme Jésus-Christ fait l'Église, parce que nous sommes les membres de son Corps, formés de sa chair et de ses os. C'est pourquoi l'homme abandonnera son père et sa mère, pour s'attacher à sa Femme, et de deux qu'ils étaient, ils deviendront une même chair. Ce Sacrement est grand, je dis en Jésus-Christ et en l'Église. Mais que chacun de vous aime aussi sa Femme comme lui-même, et que la Femme craigne et respecte son Mari.

GRADUEL.

Nous sommes les enfants des Saints ; nous ne pouvons pas nous marier comme les païens, qui ne connaissent pas Dieu.

℣. Que le mariage soit traité avec honnêteté, et que le lit nuptial soit sans tache.

Alléluia, Alléluia.

℣. Ce sacrement est grand en Jésus-Christ et en l'Église. Alléluia.

ÉVANGILE SELON S. MATTHIEU.

En ce temps-là, les Pharisiens s'approchèrent de Jésus, pour le tenter, et lui dirent : Est-il permis à un homme de quitter sa femme pour quelque cause que ce soit ? Il leur répondit : n'avez-vous point lu que celui qui créa l'homme dès le commencement, le créa mâle et femelle, et qu'il dit : Pour cette raison, l'homme abandonnera son père et sa mère, et il s'attachera à sa femme, et ils ne seront tous deux qu'une seule chair. Ainsi ils ne sont plus deux, mais une seule chair. Que l'homme donc ne sépare pas ce que Dieu a joint.

OFFERTOIRE.

Raguel et Anne bénirent le Seigneur, et lui dirent : Seigneur, vous nous avez fait miséricorde, vous avez eu pitié de deux enfants uniques ; faites qu'ils vous bénissent de plus en plus : qu'ils vous offrent le sacrifice de louanges qu'ils vous doivent, et qu'ils vous remercient de les avoir conservés ; afin que toutes les nations connaissent que, dans toute la terre, il n'y a point d'autre Dieu que vous.

SECRÈTE.

Recevez, s'il vous plait, Seigneur, les dons que nous vous offrons pour le lien sacré du Mariage, et daignez conduire vous-même ceux que vous unissez par ce sacrement ; Nous vous..... Par N. S. J. C.

PRÉFACE.

Il est véritablement juste et raisonnable, il est équitable et salutaire de vous rendre grâces en tout temps et en tout lieu, Seigneur très-saint, Père tout-puissant, Dieu éternel qui avez établi le lien indissoluble de l'alliance nuptiale, afin que la chaste fécondité du Mariage que contractent vos fidèles, servit à la multiplication des enfants de la sainte adoption. Et c'est par un effet admirable de votre grâce et de votre providence, Seigneur, que comme la génération temporelle contribue à l'ornement du monde, la génération spirituelle sert à l'augmentation de votre Église. C'est pourquoi nous nous unissons aux Anges et aux Archanges, aux Trônes et aux Dominations, et à toute la sainte milice de l'armée céleste, pour chanter sans cesse à votre gloire : Saint, Saint, etc.

BÉNÉDICTION DES MARIÉS.

Après le *Pater*, le Prêtre dit sur eux :

PRIONS.

Laissez-vous fléchir à nos prières, Seigneur, et accompagnez de votre grâce le Sacrement que vous avez institué pour la propagation du genre humain, afin que votre assistance conserve ce que votre autorité a uni : Par N. S. J. C.

Dans tous les siècles des siècles.

℟. Ainsi soit-il.

℣. Le Seigneur soit avec vous,

℟. Et avec votre Esprit.

℣ Élevez vos cœurs.

℟. Nous les tenions élevés vers le Seigneur.

℣. Rendons grâces au Seigneur notre Dieu.

℟. Il est juste et raisonnable de le faire.

Il est véritablement juste et raisonnable, il est équitable et salutaire de vous rendre grâces en tout temps et en tout lieu, Seigneur très-saint, Père tout-puissant, Dieu éternel ; qui, par votre puissance, avez créé de rien tout l'univers ; qui, dès le commencement du monde, après avoir fait l'homme à votre image, lui avez donné pour être son aide inséparable, la femme que vous avez formée de lui-même, pour nous apprendre qu'il n'est jamais permis de séparer ce qui a été uni, dans l'institution que vous en avez faite. Ô Dieu, qui avez consacré le Mariage, par un mystère si excellent, que l'alliance nuptiale est la figure de l'union sacrée de Jésus-Christ et de son Église ; ô Dieu, par qui la femme est unie à l'homme, et qui donnez à leur union intime une bénédiction, la seule qui n'ait point été ôtée, ni par la punition du péché originel, ni par la sentence du déluge : ô Dieu, qui avez seul en votre pouvoir le cœur de l'homme, et qui connaissez et gouvernez toutes choses par votre providence, en sorte que personne ne peut désunir ce que vous unissez, ni nuire à ce que vous bénissez : unissez, s'il vous plaît, les esprits de ces époux qui vous appartiennent, et versez dans leurs cœurs une sincère amitié ; afin qu'ils ne soient plus qu'un en vous, comme vous êtes un, le seul véritable et le seul tout-puissant. Regardez d'un œil favorable votre servante, qui devant être unie à son époux, implore votre protection. Faites que son joug soit un joug d'amour et de paix ; faites que, chaste et fidèle, elle se marie en Jésus-

Christ ; qu'elle suive toujours l'exemple des saintes Femmes ; qu'elle se rende aimable à son mari, comme Rachel ; qu'elle soit sage, comme Rébecca ; qu'elle jouisse d'une longue vie, et qu'elle soit fidèle comme Sara. Que l'auteur de la prévarication ne trouve rien en elle qui soit de lui ; qu'elle demeure ferme dans votre loi et dans l'observance de vos commandements ; afin qu'étant uniquement attachée à son mari, elle ne souille le lit nuptial par aucun commerce illégitime ; que, pour soutenir sa faiblesse, elle s'arme de l'exactitude d'une vie réglée ; qu'elle ait une pudeur propre à s'attirer du respect, qu'elle s'instruise de ses devoirs dans la doctrine toute céleste de Jésus-Christ ; qu'elle obtienne de vous une heureuse fécondité ; qu'elle mène une vie pure et irréprochable, afin qu'elle puisse arriver au repos des Saints et au royaume du ciel. Faites, Seigneur, qu'ils voient tous deux les enfants de leurs enfants, jusqu'à la troisième et quatrième génération, et qu'ils arrivent à une heureuse vieillesse : Par N. S. J. C.

COMMUNION.

Heureux ceux qui ont été appelés au souper des noces de l'Agneau.

POSTCOMMUNION.

Nous vous supplions, Dieu tout-puissant, d'accompagner des faveurs de votre bonté ce que vous avez établi par votre providence, et de conserver dans une longue paix ceux que vous unissez par une légitime société ; Nous vous... Par N. S.

Après *Ite, Missa est*, le Prêtre se tournant vers les Mariés, dit l'oraison suivante :

Que le Dieu d'Abraham, le Dieu d'Isaac, le Dieu de Jacob soit avec vous, et qu'il accomplisse en vous sa bénédiction ; afin que vous voyiez les enfants de vos enfants jusqu'à la troisième et quatrième génération, et que vous possédiez la vie éternelle par le secours de notre Seigneur Jésus-Christ ; qui, étant Dieu, etc.

Copyright © 2025 by ALICIA ÉDITIONS
Crédits image : www.canva.com
Couverture : Alicia Éditions.
ISBN E-book : 9782384555970
ISBN Relié : 9782384555987
Tous droits réservés

www.ingramcontent.com/pod-product-compliance
Lightning Source LLC
LaVergne TN
LVHW092011090526
838202LV00002B/92